Melanie Raschke

„Im Computerspiel bin ich der Held"

Wie virtuelle Welten die Identitätsentwicklung
von Jugendlichen beeinflussen

Diplomica® Verlag GmbH

Raschke, Melanie: „Im Computerspiel bin ich der Held". Wie virtuelle Welten die Identitätsentwicklung von Jugendlichen beeinflussen, Hamburg, Diplomica Verlag GmbH 2007

ISBN: 978-3-8366-5365-7
Druck Diplomica® Verlag GmbH, Hamburg, 2007
Zugl. Katholische Fachhochschule Nordrhein-Westfalen, Abt. Aachen, Aachen, Deutschland, Diplomarbeit, 2006
Coverfoto: Ade Hughes/Fotolia.com

Bibliografische Information der Deutschen Bibliothek
Die Deutsche Bibliothek verzeichnet diese Publikation in der Deutschen Nationalbibliografie;
detaillierte bibliografische Daten sind im Internet über
<http://dnb.ddb.de> abrufbar.

© Diplomica Verlag GmbH
http://www.diplom.de, Hamburg 2007
Printed in Germany

INHALTSVERZEICHNIS

Abbildungsverzeichnis

DANKSAGUNGEN/WIDMUNGEN

Besonders bedanken möchte ich mich bei meiner Professorin Frau Dr. Ute Antonia Lammel, die mich durch ihr Seminar „Individuelle Identitätsarbeit vor dem Hintergrund sozialökonomischer Wandlungsprozesse" auf die Thematik dieser Arbeit aufmerksam gemacht hat und damit dafür sorgte, dass ich so viele fantastische Tage mit dem Lesen vieler spannender Materialien zur Identitätsentwicklung und mit den virtuellen Welten verbrachte. Während der Erstellung meiner Arbeit habe ich durch sie eine stetige Unterstützung und Ermutigung erhalten.

Einen großen Dank möchte ich den vielen Lesern meiner Diplomarbeit aussprechen, die sich die Mühe gemacht haben, mich immer wieder auf einzelne Unverständlichkeiten meiner Ausdrucksweise aufmerksam zu machen. Ganz besonderen Dank richte ich an Frau Dr. Ulrike Fehlisch, die mich in der Endkorrekturphase so herzlich und engagiert unterstützte.

Vor allem erwähnen möchte ich Ursula und Thomas Vielhauer, die mir in den letzten Jahren immer wieder in studiums- und lebenstechnischen Fragen mit Rat und aktiver Hilfe beistanden. Für die liebevolle Unterstützung auf meinem bisherigen Lebensweg bedanke ich mich bei meinem Vater Hans-Dieter Raschke.

ABKÜRZUNGSVERZEICHNIS

ARD   Arbeitsgemeinschaft der öffentlich-rechtlichen Rundfunkanstalten der Bundesrepublik Deutschland

JIM   Jugend, Information, (Multi-)Media

ZDF   Zweites Deutsches Fernsehen

GLOSSAR

Zur besseren Lesbarkeit wird im Allgemeinen die männliche Form verwendet. Die Bezeichnung der „Pädagogen" wird hier für alle Beschäftigten im weiten Arbeitsfeld der Pädagogik verwendet. Zitate in der alten Rechtschreibung werden beibehalten. Im Anhang befinden sich ausführliche Erklärungen zu den in der Arbeit erwähnten Online-Spielen/-diensten und Computerspielen. Die Begriffe Cyberspace, virtuelle Welt und virtuelle Realität beschreiben den Forschungsbereich der künstlichen Realitäten, die in den Computerdiensten und -spielen entstehen können. Eine genauere Erklärung hierzu findet sich im Kapitel **3.4**. Die Begriffe werden synonym verwendet.

Im September 2006 kam die neue Shell Jugendstudie heraus, die einige weitere interessante Erkenntnisse über die Entwicklung Jugendlicher liefert. Aus Termingründen konnten leider die Ergebnisse dieser Studie in der vorliegenden Arbeit nicht mehr berücksichtigt werden.

1 Einleitung

Kinder und Jugendliche wachsen heute mit und in simulierten Umwelten auf. Die technischen Medien spielen eine immer größere Rolle im Alltag der Menschen. Das Kinderzimmer ist ausgestattet mit Stereoanlage, Fernseher, Computer, Handspielkonsolen, Robotern, Stofftieren und Puppen, die wie echte Tiere die Bedürfnisse nach Nahrung und Schlaf simulieren. Seit Beginn meiner Studien zu diesem Thema ist das Interesse für spezielle Internetseiten[1] auf einem neuen Höhepunkt angelangt. Jugendliche und junge Erwachsene suchen Anerkennung und Bestätigung in neuen Netzwerken. Ein virtuelles Gemeinschaftsgefühl ist zur Normalität geworden. Die Jugendlichen der Gesellschaft werden oft als Trendsetter beschrieben, da sie sich schnell und einfach die neuen Möglichkeiten erschließen.[2] So stellen die Jugendlichen mit 4,5 Millionen eine große Nutzergruppe des Internets dar.[3]

Die Menschen bewegen sich in einer neuen Welt, die wie unsere reale Welt Weihnachten feiert, in der eine virtuelle Sonne untergeht, neue Freunde gefunden werden und Liebesbeziehungen entstehen. Doch berühren sich Chatter, und Spieler nicht mehr körperlich, ihre in der virtuellen Welt beschriebenen Charaktere bekommen einen verbalen Kuss, computeranimierte Vertreter umarmen sich in künstlichen Wohnzimmern. Dies wirft die Frage auf, wie sich unsere Gesellschaft durch die neuen Medien verändert. Auch Eltern und Pädagogen schauen besorgt auf den Einfluss des Internets und des Computers. Wie beeinflussen sie die Entwicklung der jungen Menschen?
Die vorliegende Arbeit befasst sich mit der Frage des Einflusses der virtuellen Medien auf die Identitätsentwicklung. Dabei werden die sonst meist getrennt behandelten Theorien der Identitätsforschung in Bezug auf das Internet und einzelne Computerspiele zusammengebracht. Somit versteht sich diese Arbeit als Beitrag zur Identitätsforschung im Bereich der virtuellen Welten.

---

[1] Auf den privaten Homepages werden immer mehr Meinungsumfragen zum Inhalt der Seiten gestellt. Bei Ebay und Amazon versuchen Käufer und Verkäufer, vom jeweils anderen eine gute Bewertung zu erhalten. Auf Seiten wie http://www.dugg.de oder www.studivz.net (bei älteren Nutzern) sammeln die User Onlineregistrierungen von Freunden.

[2] vgl. Deutsche Shell [Hrsg.]: 50 Jahre Shell Jugendstudie, S. 67.

[3] vgl. ARD/ZDF-Online-Studie 2005, S. 364.

Zunächst wird es um die von Feser [4] beschriebenen allgemeinen Entwicklungsaufgaben der Jugendlichen gehen. Darauf folgen die Beschreibung der Veränderung der Gesellschaft zu Beginn des 21. Jahrhunderts und die dadurch entstandenen neuen Identitätstheorien. Im fünften Kapitel wird der Einfluss der virtuellen Realität auf die Identitätsentwicklung von Jugendlichen dargestellt und im Anschluss finden sich einige pädagogische Anregungen sowie die Diskussion über mögliche Gefahren.

---

[4] vgl. Feser (2000): Der menschliche Lebenszyklus S. 70 ff.

2 Die Lebensabschnitte des Jugendalters

Heute wird in der Wissenschaft davon ausgegangen, dass sich die Entwicklung eines Menschen in Stufen über den gesamten Lebensprozess vollzieht. Die modernen Entwicklungstheorien gehen dabei von zehn Entwicklungsstufen aus. Diese erstrecken sich von der Geburt bis zum Tod über das Leben des Menschen. Eine dieser Stufen ist das Jugendalter, welches wiederum aus drei Altersabschnitten besteht: Das frühe Jugendalter beginnt mit dem 11. Lebensjahr und geht im 14. Lebensjahr in das mittlere Jugendalter über. Die letzte Jugendphase, das späte Jugendalter, erstreckt sich über den Altersabschnitt von achtzehn bis einundzwanzig Jahren. Die Altersgrenzen sind allerdings in biologischer, gesellschaftlicher und juristischer Hinsicht unscharf. Die Folge ist, dass nicht eindeutig zugeordnet werden kann, in welcher Jugendphase der Jugendliche sich gerade befindet. So kann sich ein Jugendlicher, welcher seinem Alter gemäß in das mittlere Jugendalter einzuordnen ist, schon mit psychischen Thematiken des späten Jugendalters beschäftigen, während sich seine körperliche Reife noch im frühen Jugendalter befindet. Allgemein ist festzuhalten, dass das Jugendalter die Übergangsphase zwischen Kindheit und Erwachsenenstatus ist. Hier müssen unterschiedliche Lebensaufgaben bewältigt werden, um in das Erwachsenenalter einzutreten.

2.1 Entwicklungsaufgaben des Jugendalters

Herbert Feser[5] formuliert folgende zehn Entwicklungsaufgaben für die gesamte Jugendzeit:

1. **Körperliche Akzeptanz entwickeln**: Zwischen dem 11. und 14. Lebensjahr setzen körperliche Veränderungen ein. Die Jugendlichen bekommen häufig optisch unharmonische Wachstumsschübe und ihr äußerer Eindruck kann hierdurch schlaksig wirken. Gleichzeitig setzt auch die Geschlechtsreife ein, die Behaarung der Geschlechtsbereiche beginnt, die Brüste der Mädchen wachsen, es kommt zur ersten Menstruation beziehungsweise zum ersten Samenerguss.

---

[5] vgl. Feser (2000): Der menschliche Lebenszyklus, S. 89 ff.

Die Jugendlichen lernen mit dieser veränderten Erscheinung ihres Körpers umzugehen und ihr eigenes Aussehen zu akzeptieren.[6]

2. **Geschlechterrolle finden**: Auf Grund von gesellschaftlichen Erwartungen werden geschlechterspezifische Verhaltensweisen ausgeprägt. Hier spielt die soziologische Umgebung des Jugendlichen eine große Rolle. Auch erhalten heute in der westlichen Kultur alternative Rollenverhalten, zum Beispiel homosexuelle Rollenentwürfe, eine größere Akzeptanz als noch vor 50 Jahren. Die Sozialisation der geschlechtstypischen Rolle beginnt bereits mit der Geburt. Sie erfolgt durch Belohnung rollenkonformen oder Bestrafung nicht rollenkonformen Verhaltens und durch Nachahmung von beobachteten Modellen.[7]

3. **In der Peergroup entwickeln**: Die Gemeinschaft der Gleichaltrigen rückt nun in den Vordergrund der sozialen Beziehungen und löst damit die Familie ab. Der Status, welchen der Jugendliche in seiner Familie erworben hat, verliert an Bedeutung. Ein neuer Status muss durch Aufnahme in eine Gruppe gewonnen werden. Die anderen Jugendlichen teilen Vorstellungen und Werte, welche mit denen der Eltern nicht immer übereinstimmen, und sie bieten neue Orientierungsmöglichkeiten. Die Zugehörigkeit zu Gleichaltrigen verstärkt ein neues Gefühl der Sicherheit.

4. **Intimität ausbilden**: Stufenweise erlernen die Jugendlichen das Eingehen von intimen Beziehungen.

5. **Ablösung von den Eltern schaffen**: Die Jugendlichen beginnen damit, sich vom Elternhaus zu lösen, und entwickeln so eigene Werte und Vorstellungen. Zum einen müssen sie sich ihre Autonomie erkämpfen, auf der anderen Seite müssen sie lernen, mit der neugewonnenen Freiheit umzugehen und Selbstverantwortung zu erlangen. So findet eine Verlagerung bei den Vertrauenspersonen vom familiären Bereich auf den Freundeskreis statt.

---

[6] Schenk-Danzinger (2001): Entwicklungspsychologie, S. 322 f.

[7] Zimbardo (1992): Psychologie, S. 78 f.

6. **Sich mit der Berufsfindung auseinandersetzen**: Feser definiert es so: „Wissen, was man lernen will und was man dafür lernen und können muß" [8]

7. **Partnerschaft finden**: Erste Vorstellungen entwickeln sich darüber, wie zukünftige Partnerschaften aussehen sollen.

8. **Selbstkonzept und Identität aufbauen**: Die Jugendlichen entwickeln ein Bild von sich selbst, wer sie sind und was sie sein wollen.

9. **Zukunftsperspektiven entwickeln**: Sie entwickeln Zielvorstellungen und planen ihre Zukunft.

10. **Eine eigene Moral beziehungsweise Werte aufbauen:** Sie entscheiden sich, welche Werte und Normen sie übernehmen möchten.

Alle Entwicklungsaufgaben spielen dabei zusammen, bedingen sich gegenseitig und ergeben ein Gesamtbild. Der Jugendliche entwickelt durch die Auseinandersetzung mit seiner Geschlechterrolle, seinen Berufs- und Zukunftswünschen und allen anderen Aufgaben ein Selbstbild der Vorstellungen für sein späteres Leben. So entsteht seine Identität.

2.2 Die Identitätsentwicklung und ihre Krisen im Jugendalter nach Erikson

Der Identitätsforscher Erikson beschreibt die Phase der Jugendzeit als Ausprägungszeitraum für die Identität. Bei Nichtgelingen kommt es zur Diffusion des eigenen Rollenbildes. Erikson definiert insgesamt acht Phasen der Identitätsentwicklung, die sich über das gesamte Leben eines Menschen erstreckt. In jeder Phase ist eine Krise durchzuarbeiten. Diese Konflikte können nie vollständig gelöst werden. So bestehen sie weiterhin mehr oder weniger stark im Leben. Ist der Konflikt hinreichend bearbeitet worden, ist der Mensch in der Lage, sich mit der Aufgabe der folgenden Phase zu befassen. Die für das Jugendalter relevanten Konflikte werden im Folgenden angeführt:

---

[8] Feser (2000): Der menschliche Lebenszyklus, S. 89.

0 – 1 ½ Jahre: Vertrauen vs. Misstrauen

Nimmt der Säugling wahr, dass er sich auf die Versorgung seiner Eltern bzw. Bezugspersonen mit Nahrung, körperlicher Nähe und Geborgenheit verlassen kann, stellt sich
ein Urvertrauen ein. Werden die vorhandenen Grundbedürfnisse nach Nahrung nicht
erfüllt oder besteht eine Inkonstanz in den Körperkontakten und in der Verlässlichkeit
der Anwesenheit der Bezugspersonen, kann ein fundamentales Misstrauen und eine
elementare Angst entstehen. Somit kann in dieser Phase die grundlegende Hoffnung in
eine positive Entwicklung des Lebens oder aber ein grundlegendes Misstrauen gegen
die Umwelt ausgeprägt werden.

1 ½ – 3 Jahre: Autonomie vs. Selbstzweifel

Nun steigen die körperlichen Fähigkeiten des Kindes. Es lernt Laufen und Sprechen,
und dies ermöglicht ihm vielfältige selbstbestimmte Erfahrungen. Erfährt ein Kind,
dass es sich selbständig entfalten kann, und wird es als wertvolle Person in der Aus-
übung seiner Autonomie unterstützt, so entwickelt sich eine positive Selbstwahrnehmung. Erfährt es aber übertriebene Kontrolle und Kritik, entstehen Selbstzweifel.

3 – 6 Jahre: Initiative vs. Schuld

Das Kind beginnt damit, sich mit Rollenerwartungen auseinanderzusetzen. Es nimmt
die unterschiedlichen Geschlechterrollen wahr. Erikson beruft sich bei der Beschreibung dieser Phase stark auf die von Freud beschriebenen Rollenkonflikte zwischen
Eltern und Kind: Ödipuskonflikt, Penisneid und Kastrationsangst. Die Eltern können
die Entwicklung des Kindes stärken oder „sie versehen es mit Schuldgefühlen und dem
Bewußtsein, ein dummer Eindringling in die Welt der Erwachsenen zu sein."[9]

6 Jahre bis zur Pubertät: Kompetenz vs. Minderwertigkeitsgefühl

Das Kind lernt durch Experimentieren und an Hand von vorgegebenen Aufgabenstel-
lungen in der Schule und in Freizeitaktivitäten (Musikschule, Sportverein und ähnliche). Bei erfolgreichen Lernerfahrungen entsteht ein Gefühl von Kompetenz. Erleben

---

[9] Zimbardo (1992): Psychologie, S. 85.

die Kinder aber viele Misserfolge oder sind sie eher Zuschauer der Aktivitäten, so kann ein Minderwertigkeitsgefühl entstehen.[10]

Jugend (Adoleszenz): Identität vs. Rollendiffusion

In dieser Entwicklungszeit finden sich Parallelen zu den im vorigen Abschnitt beschriebenen Entwicklungsaufgaben des Jugendlichen. Erikson beschreibt die Phase als unsichere Lebenszeit. Die genitale Reifung setzt ein, der Jugendliche sucht nach Orientierungspunkten in der Gesellschaft bzw. bei Gleichaltrigen. Gelingt ihm die Orientierung, so stellt er seine Identität her und entwickelt Selbstvertrauen. Als Folge aufgezwungener Rollenerwartungen kann allerdings eine Flucht in unsoziales Verhalten resultieren. Ferner kann es zu einer völligen Überforderung des Jugendlichen durch fehlende Orientierungen in der Gesellschaft kommen.[11]

2.3 Zusammenfassung

Der jugendliche Mensch befindet sich in einer unsicheren Lebensphase, in welcher die Bezugspunkte von Eltern auf Gleichaltrige wechseln und er sich für seine Zukunft orientiert, also für einen Beruf und ein Rollenmodell entscheidet. Er steht also inmitten seiner Identitätsentwicklung. Hier nun prägt die aktuelle Gesellschaftssituation seine Entwicklung mit.

---

[10] vgl. Zimbardo (1992): Psychologie, S. 84 f; vgl. Erikson (1970): Jugend und Krise, S. 97 ff.
[11] vgl. Erikson (1970): Jugend und Krise, S. 131 ff.

3 Gesellschaftliche Entwicklungen zu Beginn des 21. Jahrhunderts

Für die Betrachtung der oben beschriebenen Entwicklungsaufgaben und der Identitäts-entwicklung der Jugendlichen ergeben sich unter dem Gesichtspunkt der heutigen gesellschaftlichen Entwicklung Veränderungen in Bezug auf die Grundlage der vorliegenden Theorien. Die Wahlmöglichkeiten für Zukunftsentwürfe sind ins Unermessliche gestiegen. Damit fehlt es aber auch an Orientierungsmöglichkeiten und Sicherheiten. Doch schon Eriksons Ausführungen über die Veränderungen seiner Zeit lassen vermuten, dass wir immer wieder vor neuen Entwicklungen stehen werden, welche die vorhandenen Forschungsergebnisse und Theorien verändern werden. Schon Erikson spricht von der dauerhaften Entfremdung des Menschen in seiner jeweiligen Zeit: „Ich meinerseits bin nie im Stande gewesen, die Behauptung zu akzeptieren, daß der Mensch in der merkantilen Kultur oder in der Ackerbaukultur oder selbst in der Buchkultur im Prinzip weniger entfremdet gewesen sein soll, wie er es in der Technologie ist."[12]

Die Aufgabe junger Menschen wird es immer wieder sein, sich in dieser Welt zurechtzufinden und neue Werte für sich und ihre Gesellschaft zu entwickeln. Die sich anschließende Frage ist: Von wo hat sich unsere Gesellschaft wohin entwickelt? Und: Welchen Einfluss nimmt dies auf die Identitätsentwicklung der Jugendlichen?

3.1 Gesellschaftliche Veränderungen

In diesem Abschnitt werden beispielhaft einige für das Thema relevante Veränderungen unserer Gesellschaft angesprochen. Betrachten wir die in Kapitel **2** beschriebenen Entwicklungsaufgaben, so lassen sich heute einige Schwierigkeiten für die Orientierung der Jugendlichen ausmachen, welche aus der Gesellschaftsentwicklung des 21. Jahrhunderts resultieren. Soziologen beschreiben einen Strukturwandel der Jugendphase: Die Geschlechtsreife, die als Eintrittsalter in die Jugendzeit gesehen wird, verschiebt sich nach vorne und das Austrittsalter nach hinten. Der Austritt aus der Jugendphase vollzieht sich mit der Übernahme von Entwicklungsaufgaben aus dem Erwachsenenalter, zum Beispiel dem Eintritt in das Erwerbsleben und die Familiengründung. Gleichzeitig bleiben junge Menschen durch die Verlängerung der

---

[12] Erikson (1970): Jugend und Krise, S. 28.

Ausbildungszeiten und die formale Entwertung der Bildungsabschlüsse immer länger in der finanziellen Abhängigkeit von ihren Eltern.[13]

Durch die materielle Abhängigkeit wird auch die Ablösung von der Familie und damit die eigene Familiengründung gehemmt. So erhöhte sich zum Beispiel das Erstheiratsalter bei den Männern zwischen den Jahren 1970 und 1999 von 25,6 auf 31,1 und bei den Frauen von 23,0 auf 28,4 Jahre.[14] Bis zum Jahr 2004 sind diese Zahlen noch einmal angestiegen: Bei den Männern auf 32,4 und bei den Frauen auf 29,4 Jahre.[15] Dementsprechend hoch ist auch das Alter der erstgebärenden Frauen. Hier lag das Durchschnittsalter 2004 bei 29,6 Jahren.[16] Die späte Familiengründungszeit und das späte Eintreten in das Berufsleben lassen vermuten, dass junge Menschen die Lebensphase der Jugendzeit erst mit 25 Jahren oder später beenden. Ferner stehen Jugendliche heute vor der großen Aufgabe der Selbstverwirklichung. Eigene Lebensziele müssen realistisch definiert und verfolgt werden. Dies äußert sich zum Beispiel bei der Übernahme der Geschlechterrolle. Hier sind im Vergleich zu den 50er Jahren des 20. Jahrhunderts viele Wahlmöglichkeiten entstanden. Während 1950 noch klar festgelegt war, welche Rolle eine verheiratete Frau – zumindest in wirtschaftlich starken Zeiten und privilegierten Kreisen – einzunehmen hatte, gibt es heute viele gesellschaftlich anerkannte Wahlmodelle für Mann und Frau. Neben dem klassischen „Hausfrauenmodell" und der damit verbundenen Ehefrauen- und Mutterrolle stehen der Frau heute verschiedene Alternativen zur Verfügung. Sie kann die Berufstätigkeit und neben dem Familienleben das Singledasein, die kinderlose Paarbeziehung oder eine gleichgeschlechtliche Lebensbeziehung wählen. Auch für die Rolle des Mannes als Verdiener und „Feierabendvater" ergaben sich hiermit Veränderungen.[17] Im Alltag sind die jungen Menschen heute immer mehr dem „Inselprinzip" unterworfen: Sie mögen in einem Stadtteil die Schule, in einem anderen den Sportverein und in einem dritten die Musikschule besuchen. Ihre Freunde mögen sie nicht mehr in der unmittelbaren Nachbarschaft antreffen, sondern vielmehr erst, nachdem sie bis zu einstündige Busfahrten hinter sich gebracht haben. Die Gesellschaft entwickelt sich, von einem regionalen hin zu einem globalen Orientierungsraum. Arbeitsmärkte erstrecken sich über den Wohnort hinaus.

---

[13] vgl. Deutsche Shell [Hrsg.] (2002): Jugend, 14. Shell Jugendstudie, S. 32 ff.

[14] vgl. Peuckert (2002): Familienformen im sozialen Wandel, S. 46.

[15] vgl http://www.destatis.de/basis/d/bevoe/bevoetab1.php (Eingesehen 07.06.2006).

[16] vgl. http://www.destatis.de/basis/d/bevoe/bevoetab2.php (Eingesehen 07.06.2006).

[17] vgl. Peuckert (2002): Familienformen im sozialen Wandel, S. 25 f.

Für die berufliche Karriere werden mehr Wohnortwechsel in Kauf genommen. Zunächst betrifft dies die Jugendlichen als Kinder der Wohnortwechsler, später persönlich bei der eigenen Arbeitsplatzentscheidung. Bei jedem Wohnortwechsel müssen neue Freundes- und Kontaktkreise aufgebaut werden.

Auch die Wertorientierung und Wahl des Zukunftsweges stellen die Jugendlichen vor einige Probleme. Sie sehen sich der schwierigen Aufgabe der Selbstentscheidung und Verantwortungsübernahme in einem gesellschaftlichen Netz aus hohen Leistungsanforderungen des heutigen Schulalltages und des zukünftigen gesellschaftlichen Arbeitsmarktes und dem hohen Erwartungsdruck der Eltern gegenübergestellt. Wie die Shell Jugendstudie 2002[18] belegt, leisten die meisten Jugendlichen hier eine große Aufgabe. Sie sind entgegen der allgemeingültigen Annahme der übrigen Gesellschaft keine pessimistischen, zu wenig beteiligten jungen Menschen, sondern sie konzentrieren sich auf das für sie Wesentliche. Wer allerdings dem Anforderungsdruck nicht gewachsen ist und den Kampf um gute Noten und soziale Anerkennung verliert, zieht sich zurück. Mögliche Folgen lassen sich auch in der Gesellschaft der jungen Menschen beobachten: Schuleschwänzen, Drogenmissbrauch, Kriminalität – also asoziales Verhalten – oder psychosomatische Rückzugserscheinungen. Auch verfallen die Jugendlichen durch die zunehmende Vielfalt an unterschiedlichen Lebensformen schnell in Orientierungslosigkeit und dauerhafte Überforderungszustände. Lammel beschreibt die zunehmende Bedeutung der „Peer-group-education [...] als eine Form der Selbsthilfe [...]"[19] unter den Jugendlichen.[20] Die neuen virtuellen Welten der Computerspiele und des Internets bieten dabei Rückzugs- und Kompensationsmöglichkeiten, siehe hierzu ausführlicher Kapitel **5.3**.

3.2 Verlust des öffentlichen Raums

Eine sich auf die ganze Gesellschaft ausdehnende Veränderung ist die Neugestaltung des öffentlichen Raums. So ist unsere Welt durch die mediale Allgegenwärtigkeit und den technischen Fortschritt kleiner geworden. Sie ist nicht mehr in Tages-, Wochen- und Monatsreisen erreichbar, sondern durch Nonstop-Flüge in Stunden. Auf der einen

---

[18] vgl. Deutsche Shell [Hrsg.]: Jugend 2002, S. 36 ff. S.142.

[19] Lammel (1998): Parallele Welten-Rave & Co. S. 179

[20] vgl. Lammel (1998): Parallele Welten-Rave & Co. S. 179.

Seite steht die schnelle Verfügbarkeit und auf der anderen die Vereinsamung der öffentlichen Räume. Willand beschreibt die Veränderungen der öffentlichen Zusammenkünfte so, dass es im 18. Jahrhundert möglich gewesen ist, zwanglose Unterhaltungen mit jedem auf den Straßen und Plätzen zu führen.[21] Vergleichbare Erfahrungen sammelte ich 2005 auf meiner Reise mit meiner Freundin durch Uganda (Afrika).

Auf unseren Reisen durch die Dörfer begegneten uns viele Menschen, mit denen wir zunächst ein Gespräch über Alltagsgeschehnisse führen mussten. Nach meinen Beobachtungen fand diese gesellschaftliche Aktivität auch bei Einheimischen, die nicht durch ihre Hautfarbe als Ausländer auffielen, statt. Die Menschen in Uganda haben ein anderes Zeitgefühl. Zum Beispiel konnte so ein Gespräch bis zu einer Stunde dauern, was sich für uns Mitteleuropäer wie eine Ewigkeit anfühlt. Ähnlich stelle ich mir die Verhältnisse der vergangenen Jahrhunderte in Europa vor. Willand berichtet rückgreifend auf Sennett, dass Mitte des 19. Jahrhunderts erste private Clubs entstanden, sie boten Zuflucht vor dem Wirrwarr der Großstädte. An Stelle offener Kontaktbereitschaft setzten sich in den Clubs Anonymität und Schweigsamkeit durch. Ein gesellschaftlicher Wandel entstand. Zwanglose und öffentliche Geselligkeit unter Fremden stellen heute eine überflüssige Handlung dar.[22] Im Folgenden werden zwei weitere Theorien beschrieben, die diese Entwicklungen bestätigen: Virilio beschreibt in seinem Buch „Rasender Stillstand"[23] ausführlich den Verlust der Wahrnehmung von der Bewegung beim Reisen. Bei längeren Autofahrten wird der Fernseher eingeschaltet, im Bus das Buch ausgepackt. Lange Reisen gilt es zu vermeiden, sie dienen allein dem Ankommen, nicht mehr dem Reiseerlebnis. Somit ist auch das Zusammensein mit anderen Menschen hier nur noch ein „unvermeidbares Ärgernis" und nicht mehr ein gemeinsames Erlebnis.[24] Schlussendlich müssen wir uns nicht mehr wirklich fortbewegen, denn die Medien des 21. Jahrhunderts ermöglichen uns eine Allgegenwärtigkeit ohne das Verlassen der privaten „vier Wände". Durch das Telefon lassen sich Menschen über weite Entfernungen akustisch in die eigene Wohnung holen. So ermöglicht im Besonderen das Handy einen privaten Rückzug im öffentlichen Raum. Auf der Straße werden keine Gespräche mit dem neben uns Gehenden, sondern mit Freunden am Mobiletelefon geführt. Ferner lässt uns das Fernsehen an den Ereignissen der

---

[21] vgl. Willand (2002): Chatroom statt Marktplatz, S. 14 ff.

[22] vgl. Willand (2002): Chatroom statt Marktplatz, S. 16 f.

[23] vgl. Virilio (2002): Rasender Stillstand, S. 31 ff.

[24] vgl. Willand (2002): Chatroom statt Marktplatz, S. 17.

gesamten Welt teilhaben. Wie kommen Menschen aber im 21. Jahrhundert mit fremden Menschen in Kontakt? Bestehen die Bedürfnisse nicht weiterhin, andere Menschen und damit neue Impulse in unser Leben zu holen? Fragen, denen im Verlauf der Arbeit noch nachzugehen ist.

3.3 Technische und mediale Entwicklungen im 21. Jahrhundert

> *„Ich finde, dass Jugendliche bei modernen The-*
> *men heute so ein bisschen die Nase vorne haben.*
> *Früher war es ja so, dass die Jugendlichen von*
> *den Erwachsenen gelernt haben ...* "[25]

Die Lebensgestaltung der Jugendlichen wird um ein weiteres Feld neuer Wahlmöglichkeiten erweitert: die Nutzung der neuen Medien. Der technische Fortschritt erleichtert seit Menschengedenken das alltägliche Leben im praktischen Sinne. Träumten die Jugendlichen der 50er und 60er Jahre von der Bewegungsfreiheit durch das eigene Mofa oder Auto und von der Freizeitgestaltung durch die „bewegten Bilder" im eigenen Wohnzimmer, so sind heute der Fernseher und der Computer nicht mehr aus dem Alltagsleben wegzudenken, wie ein kurzer Exkurs zum Freizeitverhalten von Jugendlichen zeigt.

3.3.1 Mediennutzung in der Freizeit von Jugendlichen

> *„Ich bin drin." (Boris Becker)*

Nutzen alle Jugendlichen den Computer in ihrer Freizeit? Welchen Stellenwert nimmt der Computer in der Freizeitgestaltung ein? In der Shell Studie gaben von 2.515 befragten Jugendlichen 34 % der Jungen und 18 % der Mädchen an, im Internet zu surfen. Ferner spielen 33 % der Jungen Computer. Diese Freizeitbeschäftigung nimmt damit den vierten Platz hinter den sozialen Kontakten, dem Fernsehen und dem Sport ein.[26] Nach der ARD/ZDF-Online-Studie 2005[27] sind es sogar 95,7 % der

---

[25] Deutsche Shell [Hrsg.]: 50 Jahre Shell Jugendstudie, S. 67.

[26] vgl. Deutsche Shell [Hrsg.]: Jugend 2002, S. 78.

[27] vgl. ARD/ZDF-Online-Studie 2005, S. 364.

Jugendlichen zwischen 14 und 19 Jahren, die gelegentlich das Internet nutzen. Damit ist die Nutzung des Internets bei den Jugendlichen am weitesten verbreitet (zum Vergleich Nutzungsanteil in der Gesamtbevölkerung: 57,9 %). Auch laut der JIM-Studie nimmt der Computer für Jugendliche eine Stellung direkt hinter Freunden, Musik, Beruf und Sport ein.

Abbildung 1: Interessengebiete von Jugendlichen (Angaben in Prozent)

Die Freizeitinteressen von 14- bis 19-Jährigen

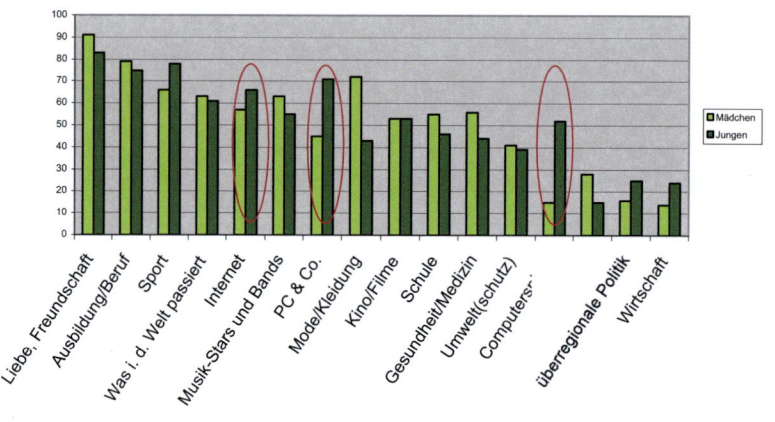

Quelle: JIM-Studie S. 22-24.

Jungen beschäftigen sich deutlich mehr mit dem Computer. Im Vergleich zu Mädchen liegt ihr Nutzungsanteil bei den Computerspielen um 37 %, bei den generellen PC-Beschäftigungen um 26 % und bei der Internetnutzung um 9 % höher. Wenn andere Freizeitaktivitäten auch höher eingeschätzt werden, so spielen der Computer und seine virtuellen Möglichkeiten heute doch eine wichtige Rolle im Leben der Jugendlichen. Auf die Frage der JIM-Studie, auf welches Medium sie am wenigsten verzichten könnten, gaben 32 % der befragten Jungen den Computer an. Den Mädchen war mit 31 % der Fernseher am wichtigsten, nur 13 % wollten nicht auf den PC verzichten.[28]

---

[28] vgl. JIM-Studie 2005, S. 18.

3.3.2 Soziale Unterschiede in der Nutzung

Heute gehört der Computer fast schon wie der Fernseher zum Alltag. Dies belegen die Ergebnisse der JIM-Studie bezüglich der Haushaltsausstattung mit Mediengeräten: 100 % der befragten Haushalte hatten einen Fernseher und 98 % einen Computer, Durchschnittlich sind sogar 2,1 PCs in den Haushalten vorhanden. Die Studien belegen allerdings deutliche Geschlechts- und Bildungsunterschiede bei der Nutzung, wie auch schon im vorangegangenen Abschnitt angesprochen. Das technische Medium wird stärker von den Jungen genutzt. Die Zahl der männlichen Jugendlichen, die einen Zugang zum Internet haben, weicht nur um 6 % von der der Mädchen ab. Mädchen haben immerhin zu 62 % die Möglichkeit der Online-Nutzung. Aber in der Wochenstundennutzung sind die Jungen fast doppelt so lange online: 8,8 % gegenüber 4,8 % bei den Mädchen. Das Nutzerverhalten der Jugendlichen in Abhängigkeit von der Schulform weist große Unterschiede in den Zugangsvoraussetzungen auf:

Abbildung 2: Nutzerverhalten der Jugendlichen in Abhängigkeit von der Schulform

Schulformen/ Lebensformen	Zugang zum Internet %	Durchschnittliche Nutzung pro Woche in Stunden
Hauptschüler	42	5,4
Realschüler	62	6,1
Gymnasiasten	76	6,4
Studierende	95	8,6
Auszubildende	60	7,1
Erwerbstätige	60	7,4
Nichterwerbstätige	60	5,2
Arbeitslose	29	8,9

Quelle: Deutsche Shell [Hrsg.]: Jugend 2002, 14. Shell Jugendstudie, S.83.

Die Arbeitslosen sind die mit den wenigsten Zugangsmöglichkeiten. Besitzen sie allerdings die Zugangsmöglichkeiten und das -interesse, so nutzen sie das Internet am längsten. Die Gymnasiasten und Studenten sind die Gruppe der jungen Menschen mit den besten Zugangsmöglichkeiten.[29]

---

[29] vgl. Deutsche Shell [Hrsg.]: Jugend 2002, S. 83.

Auch die Studie des Statistischen Bundesamtes zu Informations-Technologie in Unternehmen und Haushalten 2005 belegt, dass das Nutzungsverhalten von Schulabschlüssen und wirtschaftlichen Verhältnissen abhängt. Von den Haushalten mit einem monatlichen Nettoeinkommen unter 1.300 € haben nur 46 % einen eigenen Computer, während 93 % der Haushalte mit einem Einkommen über 3.600 € über einen PC verfügen.[30]

So belegen Fromme, Meder & Vollmer, dass es auch Unterschiede bei der Hardwarenutzung der Bildschirmspiele gibt. Nach ihren Ergebnissen spielen Hauptschüler vorzugsweise auf den einfacher zu handhabenden und in der Anschaffung günstigeren Konsolen.[31]

3.3.3 Technische Möglichkeiten des Computers und des World Wide Web

> *„Medien fallen nicht wie Sternschnuppen vom Himmel, sie werden geboren, wachsen auf, entwickeln sich und werden erwachsen."*[32]

Da es heute viele unterschiedliche Nutzungsmöglichkeiten des Computers gibt vom Chatten bis zum Online-Spielen, gibt es unterschiedliche Nutzertypen. Zum besseren Verständnis soll die folgende kurze Darstellung der verschiedenen Nutzungsmöglichkeiten dienen. Sherry Turkle beschreibt sehr ausführlich die Auswirkungen der Entwicklungswege von den ersten Rechenmaschinen bis zum heutigen „Fensterleben"[33] der Computer. Während die ersten Arbeitsmaschinen Ende der 70er Jahre mit klaren Anweisungen ihre Arbeit ausführten, erscheint die Nutzung des Computers heute eher als Interaktion. Auch von Mensch-Maschine-Kommunikation ist die Rede.

Die ersten Computernutzer lernten schnell, ihr neues Werkzeug über die Programmiersprache zu verstehen beziehungsweise zu beherrschen. Die Rechenmaschine war trivial. Sie führte auf klare Anordnung die erhaltenen Befehle aus. Das heute weit verbrei-

---

[30] vgl. Statistische Bundesamt (2006): Informations-Technologie in Unternehmen und Haushalten 2005, S. 46.

[31] vgl. Fromme, Meder, & Vollmer (2000): Computerspiele in der Kinderkultur, S. 38 ff.

[32] vgl. Bünger (2005): Narrative Computerspiele, S. 13.

[33] Das Computerprogramm Windows (deutsch Fenster) ermöglicht, das öffnen mehrere Arbeitsprogramme nebeneinander. In den Bildschirmfenstern kann in einem Schreibprogramm gearbeitet werden und in Fenster daneben gechattet oder Musik gehört werden.

tete Betriebssystem Windows beispielsweise ermöglicht es, zwischen verschiedenen Anwendungen hin und her zu springen (sog. „Multitasking"). So entsteht zum Beispiel beim Schreiben eines Textes das Gefühl, aktiv mit dem Computer zu agieren, Textzeilen werden verschoben, ausgeschnitten und wieder neu eingefügt. Die Arbeit am Computer ist lebendig. Vor uns steht nicht mehr die bloße Ausführungsmaschine. Der Computer gibt vielmehr Tipps bei der Gestaltung, zum Beispiel bei der Nutzung von Dokumentengestaltungsvorlagen.[34] Weitere Hilfsmöglichkeiten bietet uns das Internet. Schnell lässt sich hier nach passenden Grafiken suchen oder es lassen sich Nachforschungen über den inhaltlichen Teil eines Aufsatzes anstellen. Unsere Welt scheint aus dem Kinder-, Wohn- oder Arbeitszimmer erreichbar. So können wir Satellitenbilder unseres Wohngebietes abrufen oder durch die vor Ort aufgestellte Webcam das Wetter des Urlaubsortes schon vor Reisebeginn beobachten. Eine weitere virtuelle Möglichkeit stellen die teilweise anonymen und pseudoanonymen Kontakte dar. Über asynchrone Kontaktformen wie Foren, E-Mails, Mailinglisten lassen sich Kontakte herstellen und es bleibt Zeit zur eigenen gedanklichen Überlegung, bevor eine Antwort oder ein weiterer Kommentar abgegeben wird. Direkte, synchrone[35] Kommunikation im Chat und im Online-Spiel lässt eine Echtzeitkommunikation entstehen, in der es auf die Fähigkeit des schnellen Denkens und Tippens ankommt. Hier entstehen über Alltagskontakte hinaus schriftliche Kontakte mit Menschen in anderen Städten, Bundesländern und sogar weltweit.

Virtuelle Datenhandschuhe und -helme, von denen im folgenden Kapitel die Rede ist, gehören heute noch nicht zu den Alltagswerkzeugen der jungen Computernutzer. Interessant ist, dass auch die heute bereits erschwinglichen Webcams noch nicht zu den Alltagsnutzungsgeräten gehören. Die Faszination scheint eher in der anonymen Interaktion zu liegen.

Waren die ersten Computerspiele noch zweidimensional und damit matt auf die Bildschirmscheibe projiziert, laufen die heutigen Spielhelden nahezu ausschließlich durch dreidimensionale Welten, die dem Spieler ein tiefes Eintauchen in die virtuelle Welt ermöglichen.

---

[34] vgl. Turkle (1999): Leben im Netz, S. 28 ff.

[35] vgl. Busch & Heim (2002): Schöne neue Cyberwelt? Psychosozial, S. 29.

3.4 Neue Welten - virtuelle Welten

„Ich weiss, dass es nicht real (materiell) ist. Aber
lass´ es uns genießen, als ob es wahr wäre. "[36]

Um den Begriff der virtuellen Welt zu definieren, müssen zunächst einige andere Begriffe erläutert werden. In der Auseinandersetzung mit virtuellen Welten stößt man auf nah verwandte Begriffsdefinitionen wie die der „virtuellen Realität" oder der „Cyberwelten", in dieser Arbeit wie auch in der breiten Literatur werden sie synonym verwendet.

Der Duden definiert „Realität" als Wirklichkeit, als die tatsächliche Lage, als etwas Gegebenes.[37] Und schon hier liegt ein großes Problem vor. Was ist nun Wirklichkeit oder tatsächlich? Die Konstruktivisten beschreiben Wirklichkeit als das, was eine genügend große Zahl von Menschen als solche definiert. Somit lassen sich Wahrnehmungen Einzelner, die nicht mit den Beobachtungen der breiten Masse übereinstimmen, als Wahn, Halluzination oder, in abgeschwächter Form, als Fantasie, also als nicht real, beschreiben. Die Annahme des Konstruktivismus lässt aber verschiedene Realitätskonstruktionen zu. Je nach Lebensgeschichte interpretieren Menschen die Welt unterschiedlich.[38] Der Brockhaus definiert Realität ferner als Sachverhalte oder Ereigniszusammenhänge, die „nicht mit Einzeldingen im Sinne von Gegenständen identifiziert werden können."[39] Demnach kann auch etwas real sein, was nicht als Gegenstand vorhanden ist, zum Beispiel ein Persönlichkeitsmerkmal eines Menschen wie Schüchternheit. Sie ist kein Gegenstand, aber es können viele Menschen in ihren Beobachtungen darin übereinstimmen, dass ein Junge zum Beispiel schüchtern ist, damit ist dieses Merkmal real. Zusammenfassend kann Realität also als das verstanden werden, was Menschen übereinstimmend als Realität bezeichnen. Wer sich aus der Realität zurückzieht, wird als krank, nicht den Normen entsprechend, beurteilt.[40]

Löchel beschreibt die Herkunft des Begriffs „virtuell" mit Hilfe der physikalischen Optik. Hiernach werden von einem materiellen Gegenstand Abbildungen erzeugt. Bilder können auf zwei unterschiedliche Arten entstehen: reell oder virtuell. Reelle Bilder

---

[36] Döring (1999/2003): Sozialpsychologie des Internet, S. 48 angelehnt an Sturmann.

[37] vgl. Duden (1990): 5 Das Fremdwörterbuch, S. 664.

[38] vgl. Kleve (2003): Konstruktivismus und Soziale Arbeit, S. 58 ff/ 104 ff.

[39] Brockhaus Enzyklopädie (1992): 18. Band, S. 135.

[40] vgl. Krappmann (2005): Soziologische Dimensionen der Identität, S. 175.

entstehen aus Lichtstrahlen, die sich genau an dem Punkt schneiden, wo auch das Bild entsteht (zum Beispiel bei einer Filmkamera). Bei einem virtuellen Bild ist der Ort der Bildentstehung nicht der, wo sich die Lichtstrahlen schneiden. Ein Beispiel ist das Spiegelbild. Nach Löchel meint virtuell, ein Bild dort zu sehen, wo es nicht ist.[41] Die virtuelle Realität ist nun eine mittels Computer simulierte Wirklichkeit, eine künstliche Welt, ein Cyberspace. Mit Hilfe von technischen Simulationsgeräten, Datenhandschuhen, Datenhelmen oder Datenanzügen werden sensorische Reize übermittelt (diese technischen Ausreifungen sind heute allerdings unter den Alltagsnutzern noch nicht verbreitet und werden vorwiegend für medizinische oder militärische Zwecke entwickelt). Der Nutzer erfährt hier eine Telepräsenz. Durch die Ansprache einzelner Sinnesorgane ist er an einem Ort virtuell anwesend, ohne tatsächlich körperlich anwesend zu sein. Viele Experimente, zum Beispiel Belastungstests von Materialien oder Berechnungen für Fahrtwege, finden heute nur noch im Computer statt. Bei der Nutzung von datenbasierten dreidimensionalen Umgebungen, wo ein Eintauchen mit allen Sinnesorganen nicht erwünscht ist, sondern das Datengerät als zusätzliche visuelle Informationsquelle und Orientierungshilfe dient zum Beispiel bei Operationen, bei denen die Arbeitsgrundlage über eine Datenbrille vermittelt wird – sprechen wir von „erweiterter Realität"[42]. Die Schnittstellen, welche heute noch über aktives Eingangsverhalten gesteuert werden, zum Beispiel Einschalten des Computers, Einloggen ins Internet und Aufsetzen des Datenhelmes, dienen als eine Art Tür zur virtuellen Welt.

Auch im Internet entstehen Formen der Telepräsenz. Im Chat-Raum zum Beispiel, ‚befinden' sich mehrere Menschen und kommunizieren lediglich auf schriftlichem Wege. Die visuelle Verknüpfung über einen Computermonitor ermöglicht es mehreren Teilnehmern, sich gleichzeitig in einem virtuellen Raum zu treffen, obwohl sie sich körperlich an ganz unterschiedlichen Orten der Welt befinden mögen. Die Nutzer selbst sorgen für die Wahrnehmung der neuen Realität, zum Beispiel durch soziale Erfahrungen, indem sie sich über das Eintreffen eines neuen Chatters freuen oder ärgern. Sie gestalten den sozialen Raum mit und erkennen ihn als gemeinsamen Treffpunkt an. Soziale Chats und verschiedene Computerspiele ermöglichen den Usern das nicht nur gedankliche, sondern auch visuelle Aufbauen einer eigenen Welt: Im Computerspiel „Die Sims" zum Beispiel erschaffen die Spieler Häuser und eigene soziale

---

[41] vgl. Löchel (2002): Zur psychischen Bedeutung virtueller Welten, S. 7.

[42] Döring (1999/2003): Sozialpsychologie des Internet, S. 47

Systeme mit verschiedenen Protagonisten. Ähnlich läuft es im Moove-Chat, in dem sich die Chatter als virtuelle Figuren in selbsterstellten visuellen Wohnungen treffen und miteinander sogar intime virtuelle Beziehungen aufbauen können, bis hin zur virtuellen Ehe. Löchel beschreibt neben der Telepräsenz das Phänomen der Interaktivität des Internets: Recherchieren mehrere Menschen in einem Buch zu einem Thema, ‚blättern' sie durch dieselben Seiten. Im Internet gibt es tausende verschiedene weiterführende Seiten, die mit Hilfe von Suchmaschinen aufgefunden und zum Teil auch editiert werden können (siehe zum Beispiel Wikipedia). Die Auswahlmöglichkeiten sind mannigfaltig. Es sei darauf hingewiesen, dass die Einordnung der virtuellen Realität als nicht materieller, nicht anfassbarer, aber doch von Menschen erlebbarer Raum in der Literatur strittig ist.[43]

3.4.1 Die verschiedenen Welten

> *„Es ist eine eigene Welt.*
> *Es verändert sich ständig.*
> *Es lebt."[44]*

Abschließend ein Vergleich, der an das Reisen in andere Länder erinnert und mit demselben in Beziehung gebracht werden kann. Beim Besuch anderer Kontinente nehmen wir kulturelle Unterschiede, andere Verhaltensweisen, Sprachen, Kleiderordnungen und Symbolgehalte wahr. Über die anderen Länder und Kontinente gibt es Landkarten, die uns Auskunft über ihre Lage und Größe geben. Ebenso können wir eine Landkarte über andere, innere nicht materielle Welten erstellen. Bei ihrem Besuch können wir ebenfalls Unterschiede zu unserem alltäglichen Leben wahrnehmen.

Die vier großen „Länder", die Realität, unsere Vorstellung, die Fantasie und die virtuellen Welten, beeinflussen sich über Verbindungswege gegenseitig. Sie werden von den einzelnen Menschen unterschiedlich besucht. so wie auch die einzelnen Kontinente (Afrika, Asien) dieser Erde nicht von jedem Menschen bereist werden. Eine 50-jährige Frau lebt vielleicht den größten Teil ihres Lebens in der materiellen realen Welt. Beim Lesen von Romanen taucht sie in die Fantasiewelt des Buches ein. Ein

---

[43] vgl. Brockhaus Enzyklopädie (1994): 23 Band, S. 372; vgl. Döring Nicola (2000): Sozialpsychologie des Internet, S. 44 ff; vgl. Löchel Elfriede (2002): Zur psychischen Bedeutung virtueller Welten, S. 7 ff.

[44] Horx (2006): Hoppla, hier kommt mein zweites Ich!, S. 16.

Jugendlicher besucht in Rollenspielen mit Freunden seine Fantasiewelt. In der Realität nimmt er Nahrung zu sich und geht in die Schule. Im Internet kann er mit Freunden kommunizieren, welche er nur hier trifft. Die Autoren in „Warum Computerspiele faszinieren" beschreiben es so: „Eingebettet in die reale Welt („Realität") verfügt der Mensch über weitere „Welten", die mit der Realität eng verwoben sind und zugleich über sie hinausweisen, ja sogar den Bereich der Realität zu erweitern helfen. Die verschiedenen „Welten" sind Teil einer unteilbaren „Wirklichkeit" sie existieren nicht für sich, sondern sind wechselseitig aufeinander bezogen."[45]

---

[45] Fritz, Wegge, Wagner, Gregarek & Trudewind (1995): Faszination, Nutzung und Wirkung von Bildschirmspielen, S. 242.

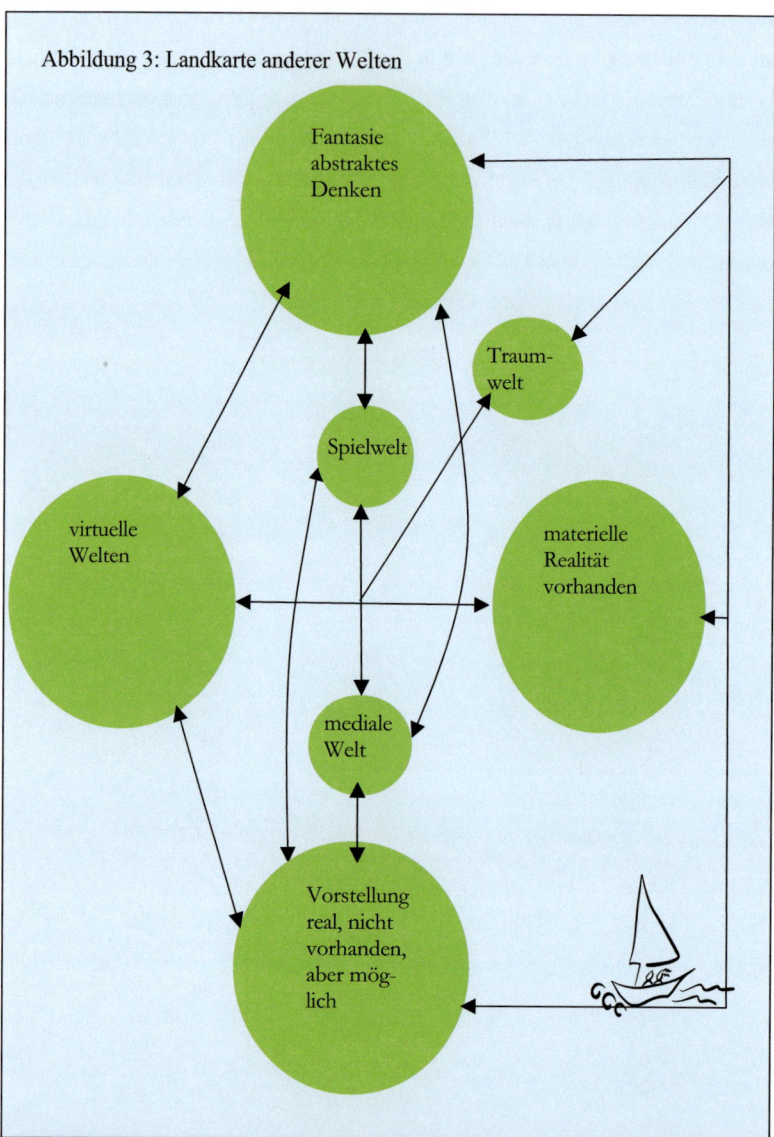

Abbildung 3: Landkarte anderer Welten

Die einzelnen Kreise stellen die Inseln/Kontinente der verschiedenen inneren Welten dar, jede innere Welt ist über einen Verbindungsweg (hier dargestellt als Schifffahrtsweg) mit den anderen Inseln/ Kontinenten verbunden. Über diese Schifffahrtswege werden Erfahrungserlebnisse zum Beispiel aus der Realität in die Fantasiewelt übertragen.

Quelle: Erweitertes/Verändertes Schaubild Fritz, Wegge, Wagner, Gregarek & Trudewind Clemens (1995): Nutzung und Wirkung von Bildschirmspielen, S. 243.

Zusätzlich verweisen die Autoren auf die Spielwelt und die mediale Welt, wo ihrer Meinung nach unterschiedliche Regeln und Einwirkungsmöglichkeiten bestehen. In der Spielwelt, zum Beispiel beim Rollenspiel, bestehen aktive Bezüge zur Realität. So spielt das Kind das Kochen der Mutter oder des Vaters im Rollenspiel nach. Bei den medialen Welten hingegen können die vermittelten Elemente nicht aktiv verändert werden. Hier besteht allein die Möglichkeit, die Erfahrungen in andere Welten, zum Beispiel die Fantasie oder Spielwelt, mitzunehmen und dort umzugestalten. In der Traumwelt, die sich im Schlaf entfaltet und von der Willenssteuerung losgelöst ist, werden Erlebnisse unbewusst verarbeitet. Fehr & Fritz weisen darauf hin, dass sich in der virtuellen Welt Aspekte aus den anderen Bereichen zusammenfügen. So finden sich hier Elemente aus der Spielwelt und der medialen Welt (Fernsehen, Radio, Bücher) wieder. Im Gegensatz zur medialen Welt besteht in der virtuellen Welt die Möglichkeit der aktiven Mitgestaltung. Starke Bezüge zur realen Welt entstehen zum Beispiel in Simulationsspielen. Hier wird das Autofahren oder Flugzeugfliegen so gut simuliert, dass die Spieler nach einiger Zeit beinnahe in der Lage sind, ein reales Auto oder Flugzeug zu steuern. Offene Fragen gibt es noch bei den Übergangswegen und der Vermischung der einzelnen Weltenerfahrungen.[46]

Hier sei exemplarisch auf einige Phänomene der virtuellen Welt verwiesen, die zeigen, wie sich virtuelle Begebenheiten in unsere Realität einbinden. Mit realem Geld werden zum Beispiel virtuelle Gegenstände verkauft. Matthias Horx beschreibt dieses Phänomen in seinem Artikel in der P.M. am Beispiel der virtuellen Welt „Projekt Entropia", wo ein Spieler für 26.000 Dollar eine virtuelle Insel erwarb.[47] Auch bei Ebay lassen sich ähnliche Beobachtungen machen. Für „schlappe" 201 € kann man hier fertige Charaktere für das Online-Spiel „World of Warcraft" ersteigern.[48] So vermischt sich das Virtuelle mit dem Realen, vielleicht entsteht hier sogar ein neuer Wirtschaftsmarkt.

Weitere Kriterien für die Unterscheidung von verschiedenen virtuellen Welten liefern Bente, Krämer & Petersen: So führen sie in Anlehnung an J. Steuer ein Klassifikationsmodell von Medien an Hand ihrer Telepräsenz. Hier wird nach „vividness" (Lebendigkeit) und „interactivity" (Interaktivität) unterschieden. So haben Bücher eine

---

[46] vgl. Fehr & Fritz (1995): Bedeutung von Computerspielen für Besucher von Jugendeinrichtungen, S. 142 f.

[47] vgl. Horx (2006): Hoppla, hier kommt mein zweites Ich!, S. 20.

[48] siehe Anhang 4.

geringe Lebendigkeit und Interaktivität, während MUD´s[49] eine hohe Selbstbeteiligung aufweisen, in ihrer Form aber gering in der Lebendigkeit sind. 3-D-Filme sind sehr lebendig, aber nur wenig interaktiv.[50]

Abbildung 4: Klassifikationsmodell der Telepräsenz

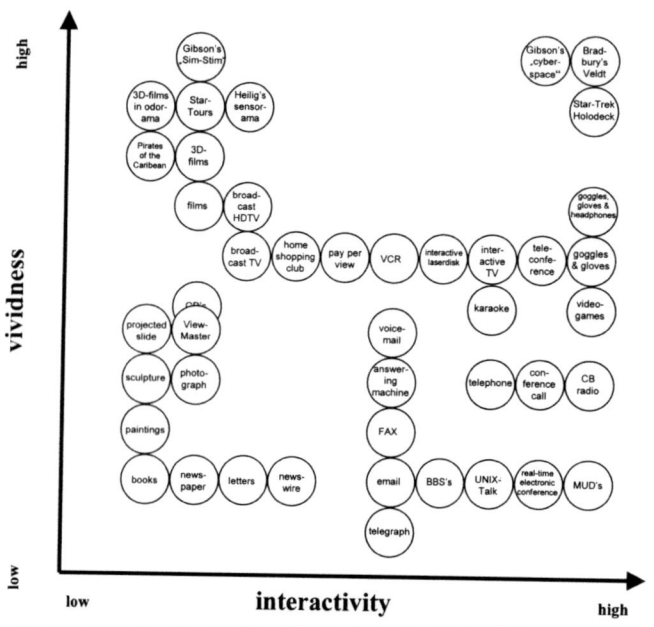

Quelle: Bente Gary, Krämer Nicole C., Petersen Anita, (2002): Virtuelle Realitäten, S.14, diese Berufen sich auf Steuer J. (1992): Defining virtual reality: Dimensions determining telepresence. Journal of Communication, S. 90.

---

[49] siehe Anhang 4.

[50] vgl. Bente, Krämer & Petersen (2002): Virtuelle Realitäten, S. 12 ff.

3.4.2 Immersion und Flow

Gehen wir davon aus, dass die Übergänge in andere Welten bewusst wahrgenommen werden können, ist eine Täuschung des Menschen durch die aktive Nutzung der Schnittstellen verhinderbar. Die in verschiedenen Filmen (zum Beispiel „Matrix" und „Open your eyes"[51]) beschriebenen Szenarien von Scheinrealitäten sind nur dann denkbar, wenn diese Grenzen verschwimmen. Bente, Krämer & Petersen beschreiben verschiedene Formen des Eintauchens und der Motivation: Immersion ist gleichzusetzen mit Eintauchen. Hier ist festzuhalten, „[…] dass die Telepräsenz einen psychologischen Prozess der Modifikation von Wahrnehmungsinhalten beschreibt, in dem die simulierten Inhalte zu realen Eindrücken werden und die physikalische Umgebung neben diesen an Eindrucksqualität verliert."[52] Die Autoren weisen darauf hin, dass es sich bei Telepräsenz und Immersion um unterschiedliche Begriffe handelt, die sich wechselseitig bedingen. So besteht die Telepräsenz aus erlebter Anwesenheit an einem computervermittelten virtuellen Ort, während Immersion die emotionale und kognitive Fokussierung auf dort repräsentierte Inhalte darstellt. Des Weiteren greifen die Autoren, wie auch Fritz, auf das Flow-Konzept von Csikzentmihaly zurück. Beim „Flow" handelt sich um intrinsische Motivation für eine Handlung, die ein glückliches, entspanntes Gefühl ermöglicht. Stellt also die virtuelle Welt eine optimale Rückmeldung über den Erfolg der Handlung bereit, ermöglicht dies die intrinsische Motivation und damit den Flow-Effekt.[53] Sowohl aus dem Immersions-Gefühl als auch aus dem Glücksgefühl des Flow-Effektes können Motivationen für die jugendlichen Nutzer von Computerspielern und Internet entstehen.

3.5 Beispielhafte Übersicht über die Medien der virtuellen Welten

Die einzelnen Systeme oder Dienste, die wir über den Computer nutzen, stellen wiederum einzelne Medien dar. Sie unterscheiden sich durch ihre Räumlichkeit und ihre Kommunikationsformen. Eine kurze Übersicht stellt die folgende Tabelle dar.

---

[51] „Open your eyes" (2002): Besetzung: Penélope Cruz & Eduardo Noriega, Regie: Alejandro Amenábar; „Matrix" (1999): Besetzung: Keanu Reeves und Laurence Fishburne, Regie & Drehbuch, Andy und Larry Wachowski

[52] Bente, Krämer & Petersen (2002): Virtuelle Realitäten, S. 17.

[53] vgl. Bente, Krämer & Petersen (2002): Virtuelle Realitäten, S. 17 ff.

Abbildung 5: Beispielhafte Übersicht über die Medien der virtuellen Welten

Formen	Motivationsform	Räumlichkeit	Zeitfenster
E-Mail	Kommunikation	Keine Räumlichkeit	Asynchron, zeitversetzt
Chat	Kommunikation, Austausch, Kennenlernen	Keine Dimensionalität, Gegenstände können mittels getippter Beschreibung eingefügt werden. (Heidi: Sagt hallo und setzt sich auf das Sofa)	Synchron, Echtzeit, dynamisch
MUD	Spielen, Austausch, Kennenlernen	Dreidimensional, verbal beschrieben, Stellvertreter, erfährt über Beschreibungen die Räumlichkeit	Synchron, Echtzeit, dynamisch
Homepage	Präsentation	Keine Dimensionalität	Asynchron, keine Echtzeit, fixiert
Online-Spiel, zum Beispiel "World of Warcraft"	Spielen (Kontakte)	Dreidimensional, visuell erlebbar	Synchron, Echtzeit, dynamisch
Simulationsspiele, zum Beispiel „Die Sims"	Spielen	Dreidimensional, visuell erlebbar	Spielzeit

Quelle: Erweitertes/Verändertes Schaubild von Misoch Sabina (2004): Identitäten im Internet, S. 116.

Die Nutzer der einzelnen Medien haben unterschiedliche Motivationen für die Nutzung. So werden Jugendliche, die gerne spielen, sich eher zu MUDs und Online-Spielen hingezogen fühlen als zum Chat. Umgekehrt wird der Jugendliche, der Kommunikationspartner sucht, den Chat nutzen. Ferner verfügen die Medien über unterschiedliche Räumlichkeiten und sie benötigen unterschiedliche Zeiträume. So ist das Medium Online-Spiel dreidimensional, während E-Mails über keine Räumlichkeit verfügen. Bei E-Mails erfolgt die Kommunikation über ein längeres Zeitfenster (von Stunden bis zu Tagen). Während der Jugendlich im Chat direkt agieren kann.

3.6 Zusammenfassung

Unsere Gesellschaft befindet sich in stetem Wandel. In den letzten Jahrzehnten nahm die Bedeutung des neuen Mediums Computer immer mehr zu. Es entstanden verschiedene neue Erlebnisfelder, deren Einflüsse sich erneut auf die Gesellschaftsentwicklung auswirkten. Die Veränderungen werden im Folgenden von unterschiedlichen Gesichtspunkten aus betrachtet. So ist zu unseren postmodernen Erfahrungsräumen eine neue Erlebniserfahrung, die virtuelle Welt, hinzugekommen. Oder mit den Worten von Sherry Turkle: „Wir steuern auf eine Kultur der Simulation zu, in der die Menschen immer mehr Gefallen daran finden, das Reale durch Repräsentation der Wirklichkeit zu ersetzen."[54]

---

[54] vgl. Turkle (1999): Leben im Netz, S. 33.

4 Veränderungen der Identitätstheorien im 21. Jahrhundert

In diesem Kapitel wird beschrieben, wie sich die Veränderungen der gesellschaftlichen Bedingungen auf die Theorien der Identität ausgewirkt haben.

4.1 Die Theorie der Umbruchserfahrungen nach Keupp

Keupp beschreibt eine der neuesten Identitätstheorien und geht von den folgenden zehn „Umbruchserfahrungen der spätmodernen Gesellschaft"[55] aus:

1. Der Mensch fühlt sich in der heutigen Gesellschaft „entbettet". Dies bedeutet, es fehlt ihm an Sicherheit und Klarheit, um Entscheidungen für seine Lebensplanung zu treffen. Früher haben traditionelle Rahmenbedingungen die Zukunftsentwürfe von Jugendlichen gesteuert. Heute kann ein Jugendlicher wählen, wann und ob er heiratet, es besteht kein gesellschaftlicher, kirchlicher oder politischer Zwang hierzu. Vorteil der „Entbettung" ist, dass das Individuum nun einer geringen sozialen Kontrolle unterliegt.

2. Die Lebensmöglichkeiten des einzelnen Menschen sind „entgrenzt". „Die Schnittmuster, nach denen Menschen sich biographisch entwerfen und ihr Leben verwirklichen sollten, haben ihre Prägekraft verloren."[56] Der Bäckersohn wird nicht mehr Bäcker, nur weil sein Vater diesen Beruf ausübte.

3. Die Erwerbsarbeit fehlt als Basis der Identität. Da es in unserer Gesellschaft an Arbeitsplätzen mangelt, wird es immer illusorischer, alle Menschen in eine Erwerbsarbeit zu integrieren. Dies hat umfangreiche Auswirkungen auf das einzelne Individuum. Da der Arbeitsplatz und das Arbeitsleben über den gesellschaftlichen Status und die persönliche Identität entscheiden, gerät das Individuum in eine soziale „Sackgasse": Arbeitsmöglichkeiten sind nicht vorhanden, aber ohne Arbeit fehlt dem Menschen ein wichtiger Teil seiner Identität.

---

[55] vgl. Keupp (2002): Identitätskonstruktionen, S. 46 ff.

[56] Keupp (2002): Identitätskonstruktionen, S. 47.

4. Die Komplexität der Lebenserfahrungen nimmt immer weiter zu. Das Individuum ist im Alltag einer Flut von Eindrücken und Reizen ausgesetzt, und muss permanent Entscheidungen treffen.[57] Das Individuum muss dabei widersprüchliche Teilerfahrungen aushalten. Nur selten lässt sich ein einheitliches Gesamtbild erstellen. Die unterschiedlichen Erfahrungen bleiben als Einzeleindrücke unverbunden nebeneinander stehen. Es entsteht eine dauerhafte Situation der Überforderung des Individuums, diese „multiphrene Situationen"[58] werden zum Normalerlebnis des einzelnen Menschen.

5. Auch nach Keupp bieten die im vorangegangenen Kapitel ausführlich beschriebenen virtuellen Welten eine neue Realitätserfahrung.

6. Im Zeitgefühl der einzelnen Menschen schwindet die Wahrnehmung für die Gegenwart. Dies ergibt sich aus folgenden Fakten: Die Medien des 21. Jahrhunderts, Tageszeitung, Fernsehen und Internet, verbreiten aktuelles Wissen und Erkenntnisse in einer beträchtlichen Geschwindigkeit. Das Wissen, welches als neue Erkenntnis publiziert wurde, ist in kürzester Zeit von anderen Forschern und Denkern überarbeitet und weitergedacht worden. Durch die mediale Allgegenwärtigkeit[59] besitzt der Wissensstand des Erlernten nur eine kurze Beständigkeit. Wir können auch von einer Beschleunigung des Lebens sprechen. [60]

7. Die Pluralisierung der Lebensformen ermöglicht eine Fülle von Wahlalternativen. Beispiele hierfür sind in Kapitel **3.1** zu finden. Es ergeben sich viele Freiheiten in der Wahl der Lebensplanung. Dennoch ist der Mensch einem ständigen Druck unterworfen, sein Leben in kürzester Zeit neu planen zu müssen.

---

[57] vgl. Misoch (2004): Identitäten im Internet, S. 83 f.

[58] Keupp (2002): Identitätskonstruktionen, S. 46.

[59] vgl. Virilio (2002): Rasender Stillstand, S. 11 ff; vgl. Kleve (2003), Konstruktivismus und Soziale Arbeit, S. 118 ff.

[60] vgl. Misoch (2004): Identitäten im Internet, S.81 ff.

8. Als weitere Umbruchserfahrung beschreibt Keupp die dynamische Veränderung der Geschlechterrollen. Während früher die Rolle der Frau auf den Haushalt und die Mutterrolle festgelegt war, haben die heutigen Frauen verschiedene Wahlmöglichkeiten, von der traditionellen Hausfrauenrolle bis zur beruflichen Karriere. Die Veränderung der weiblichen Rolle veränderte auch das gesellschaftliche Bild des Mannes. Er wird heute nicht mehr allein als Versorger gesehen. (siehe hierzu auch **3.1**)

9. Die Individualisierung der Menschen löst die Begründungsinhalte der Handlungen des Einzelnen aus traditionellen Werten. So fungiert heute zum Beispiel die Religion bei einem Großteil der Bevölkerung nicht mehr als Rahmenkonzept für ihre Handlungen. Das Individuum entscheidet sich bewusst für eine oder mehrere Gruppierungen, wie zum Beispiel den Sportverein, die Partei oder die Kirche. Es findet ein Wandel von traditionsgebundenen zu heute sinngebundenen Verhältnissen statt. Dabei besitzt das Individuum viel Freiheit in seiner individuellen Entwicklung. Demgegenüber wird die Gefahr der „Egozentrierung" gesehen, wo der Einzelne bei seinen Entscheidungen nur noch an seinen eigenen Zukunftsperspektiven interessiert ist. Damit tritt eine Veränderung der „Verhältnisse vom Einzelnen zur Gemeinschaft" ein.

10. Durch den Verlust der religiösen Werte suchen die Menschen nach dem individuellen Sinn für ihr eigenes Leben. Die sinnstiftenden Erzählungen der Religionen sind teilweise naturwissenschaftlich widerlegt oder sie finden nur noch in kleiner werdenden Gesellschaften Einzug.

Die Umbruchserfahrungen decken sich mit den oben beschriebenen gesellschaftlichen Entwicklungen (siehe Kapitel 3.). Sie treffen sicherlich nicht auf die gesamte Menschheit zu und sind kulturell und kontinental anders auszulegen. So wird der eine Jugendliche viel Zeit in einer virtuellen Welt verbringen, während sein Lebensweg sehr klar vorgegeben ist, da er Lehrling in der Backstube des Vaters wird. (Vergleiche Umbruchserfahrung 2. und 5.). Andere Jugendliche können stark in ihre Religion und traditionelle Werte einbezogen sein und daher ihren Lebenssinn in ihrer Umsetzung finden (Umbruchserfahrung 10.).

Die ersten Identitätsforschungen, die Erikson in den 50er und 60er Jahren anstellte, bezogen sich auf ein kleines Bild der damaligen Jugendlichen aus nordamerikanischen gutsituierten Kreisen.[61] Somit muss das von Erikson beschriebene Stufenmodell der sich entwickelnden Identität heute erweitert werden. Identität kann sich nicht mehr über die einmalige Berufswahl und den christlichen Glauben ein Leben lang festlegen. So zeigt Keupp in einer Sammlung von Stellungnahmen zu Eriksons Identitätstheorie verschiedene Kritikpunkte auf. Besonders angezweifelt wird das „[...] kontinuierliche[n] Stufenmodell, dessen adäquates Durchlaufen bis zur Adoleszenz eine Identitätsplattform für das weitere Erwachsenenleben sichern würde."[62] Erikson verspricht hiermit die stabile Ausbildung eines inneren Kerns, der die weitere Lebensbewältigung gewährleistet. Die Identitätsforscher, auf die sich Keupp zu diesem Thema beruft (Hall, Fend und andere)[63] vertreten kontroverse Meinungen über den Bestand eines festen Identitätskerns. Die Vorstellung der Möglichkeit einer stabilen, dauerhaften und gesicherten Identität in einer postmodernen Gesellschaft wird angezweifelt. Die postmoderne Gesellschaft besteht aus einer Vielfalt von unüberschaubaren und gegensätzlichen Lebens- und Handlungsmustern.[64] Döring stellt eine Theorie der Entstehung eines Identitätskerns aus verschiedenen Erzählformen des Individuums dar (siehe nächstes Kapitel)[65], während sich bei Keupp die Identität nicht über ein inneres feststehendes Kapital, sondern über eine dauerhafte Passungsarbeit definiert. Identitätsarbeit besteht somit aus einem narrativen Zusammenspiel der Innen- und Außenwelt des Individuums.

4.2 Narrationen als Grundlage der Identitätsbildung

Das Wort Narration stammt aus dem Lateinischen und bedeutet Erzählung oder Bericht.[66] Unsere Identität wird aus Selbst- und Fremdberichten gebildet. Das bedeutet, wir beschreiben vergangene Erlebnisse, reflektieren sie und fassen sie zu

---

[61] vgl. Keupp (2002): Identitätskonstruktionen, S. 33.

[62] Keupp (2002): Identitätskonstruktionen, S.29.

[63] vgl. Keupp (2002): Identitätskonstruktionen, S.29 ff.

[64] vgl. Kleve (2003): Konstruktivismus und Soziale Arbeit, S. 125 ff.

[65] vgl. Döring (1999/2003): Sozialpsychologie des Internet, S. 330.

[66] vgl. Duden (1990), Das Fremdwörterbuch, S. 523.

Teilidentitäten zusammen.[67] Alles, was wir erleben, können wir nur durch Berichte verbal oder durch Nachspielen wiedergeben. Der Jugendliche beschreibt einen Streit mit einem Lehrer und gibt damit Informationen über seine Identität preis. Wie hat er sich verhalten? War er das Opfer oder der Held des Streits? Worum ging der Streit?

Unsere Identität setzt sich durch die verschiedenen Lebensräume, in denen der Mensch agiert und dementsprechend aus Teilidentitäten zusammen. Ein Jugendlicher ist zum Beispiel Sohn, Bruder, Schüler, Fußballspieler, Chatter und Computerspieler. Diese einzelnen Rollen erhält er in unterschiedlichen Lebensorten und durch verschiedene Beziehungskombinationen. In der Familienbeziehung zwischen seinen Eltern trägt er die Rolle des Sohnes, in der Schule die des Schülers und er besitzt die Rolle des Mitschülers für die anderen Klassenkameraden. Am Computer ist der Jugendliche der Spieler. Dabei kommt es vor, dass er für sich nonkonforme Rollen übernimmt und in ihnen kontrovers agiert. Zum Beispiel legen Eltern und Lehrer andere Wertvorstellungen zu Grunde als Mitschüler. Der Lehrer erwartet, dass der Schüler einen Mitschüler „verpfeift", die Mitschüler erwarten Loyalität. Dadurch, wie der Jugendliche sich nun selbst darstellt und wie er von vergangenen Ereignissen berichtet, entsteht ein Teil seiner Identität.

Durch verschiedene Erzählmuster lassen sich die Teilidentitäten zu einem Identitätskern konfigurieren: [68]

1. Einzelne Erlebnisse können nach biographischen Narrationen geordnet werden. Die Darstellung der eigenen Lebensgeschichte „[…] erfordert durch ihre Erzählzwänge eine kohärente Selbstkonstruktion, in der die verschiedenen Teil-Identitäten ihren Platz finden."[69] „Früher fand ich Punkmusik ganz toll und jetzt stehe ich auf Rap", berichtet zum Beispiel ein Jugendlicher seinen neuen Freunden. Hiermit kann er seine gemischte Musik-CD-Sammlung erklären und entwirft damit ein Identitätsbild des früheren Punkers, der heute aber ein Rapper ist.

---

[67] vgl. Keupp (2002): Identitätskonstruktionen, S. 207.

[68] vgl. Döring (1999/2003): Sozialpsychologie des Internet, S. 330.

[69] Döring (1999/2003): Sozialpsychologie des Internet, S. 330.

2. Auch kann sich das Individuum in seiner Selbstdarstellung auf die Beschreibung einzelner weniger Teilidentitäten beschränken. Keupp geht hier noch weiter: Er schätzt die bewusste Wahl einzelner Erzählabschnitte als strategische Selbstdarstellung ein. Individuell nach der Situation, in der sich ein Individuum befindet, werden bewusst Erlebnisse erwähnt oder verschwiegen. Im Vorstellungsgespräch wird der Jugendliche die Trinkabende mit seinen Freunden für sich behalten. Bei der Auswahl der zu erzählenden Ereignisse wird je nach der Wunschwahl der eigenen Rolle ausgewählt: Will er Held oder Opfer seiner Geschichte sein?

3. Zusätzlich prägen die genutzten sprachlichen Mittel wie Grammatik, Fremdwörternutzung, Jugendsprache und die Gestaltung den Geschichtsverlauf.

4.3 Kohärenzgefühl

Das Kohärenzgefühl dient nach alten Theorien, unter anderem von Erikson,[70] als eine Basis der Identität. Ein Kohärenzgefühl zu haben, bedeutet, sich zusammenhängend zu fühlen. Wie schon zuvor beschrieben, ist es in einer postmodernen Gesellschaft heute nicht mehr möglich, die einzelnen Erfahrungen der Teilidentitäten unter einem einheitlichen Bild zusammenzufassen. Somit ist auch unser Gefühl des Zusammenhangs in Gefahr. Wird Kohärenz aber als eine offene Struktur des Individuums betrachtet, können wir von einem neuen Kohärenzbegriff sprechen. Diese Struktur wird auch in der Wahrnehmung anderer offen gehalten. Das Individuum kann zwischen einzelnen Optionen des Verhaltens wählen. Es kann sich zusammenhängend fühlen, obwohl es in widersprüchlichen Rollen agiert. „Entscheidend bleibt allein, daß die individuell hergestellte Verknüpfung für das Subjekt selbst eine authentische Gestalt hat, jedenfalls in der gelebten Gegenwart, und einen Kontext von Anerkennung, also in einem Beziehungsnetz von Menschen Wertschätzung und Unterstützung gefunden hat."[71] Es wird nicht von einem auf Dauer angelegten zusammenhaltenden Kern ausgegangen,

---

[70] vgl. Keupp (2002): Identitätskonstruktionen, S. 29.

[71] Keupp (2002): Identitätskonstruktionen, S. 57.

sondern von der Fähigkeit, behutsam reflexiv fortwährend neue Passungsmöglichkeiten herzustellen.[72]

4.4 Aushandlungsprozess und Passungsarbeit

Die Selbstbeschreibungen sind keine Eigenwerke des Individuums, sie entstehen im sozialen Austausch. Die Veränderung von Selbstnarrationen findet demnach in „[...] einem komplexen Prozess der Konstruktion sozialer Wirklichkeiten [...] statt."[73] Durch die Erzählungen des Einzelnen werden vergangene Ereignisse sichtbar und Zukunftserwartungen begründet. Der Einzelne wird als lebendes System betrachtet. Dies agiert mit anderen in einem sozialen System. Lebende Systeme operieren nach der Theorie des Konstruktivismus[74] auf der Basis von Kommunikation. Demnach treten soziale Systeme, die aus mindestens zwei Menschen bestehen, ausnahmslos über verbale und nonverbale Kommunikation miteinander in Kontakt. Aus der konstruktivistischen Theorie lässt sich auch die Selbstherstellung unserer Identität ableiten. Wir sind danach das, was wir und andere über uns denken. Der Prozess des Aushandelns zwischen der Selbstwahrnehmung und der Fremdwahrnehmung anderer wird als Passungsprozess verstanden.

Inwiefern die Beschreibung des einzelnen Menschen auf wahrheitsgemäßen Fakten beruht, ist von der gemeinschaftlichen Einschätzung ihrer Objektivität abhängig. Auch die Objektivität entspricht dem zuvor beschriebenen Grundsatz der Wirklichkeit (siehe Kapitel **3.4**): Objektiv ist das, was eine als ausreichend groß betrachtete Zahl von Menschen übereinstimmend, als objektiv benennt. Dennoch können die einzelnen Erlebnisfragmente in der Geschichte des Erzählers von ihm als real betrachtet werden. Auswahlkriterien wie Schicksalhaftigkeit und objektive Hindernisse helfen bei der Beschreibung der Handlungsfähigkeit des Erzählers. Als objektives Hindernis kann der Jugendliche beschreiben, dass sein Bus zu spät kam und er daher den vereinbarten Termin mit dem Sozialpädagogen des Jugendtreffs nicht einhalten konnte. Wie weit Identitätsnarrationen über einen längeren Lebensabschnitt aufrechterhalten werden,

---

[72] vgl. Keupp (2002): Identitätskonstruktionen, S. 56 ff.

[73] Keupp (2002): Identitätskonstruktionen, S. 208.

[74] vgl. Kleve (2003): Konstruktivismus und Soziale Arbeit, S. 91 ff.

„[...] hängt wesentlich von der Fähigkeit des Individuums ab, über die gegenseitige Bedeutung von Ereignissen mit anderen erfolgreich zu verhandeln."[75] In diesem Zusammenhang weist Keupp allerdings darauf hin, dass diese Verhandlungen oft zunächst im Kopf des Subjektes stattfinden. Dann wird die reale menschliche Kommunikation nur noch mit der Endversion des eigenen Gedankenspiels belastet. Somit müssen die Kommunikationspartner das Abwägen der eigenen Konstruktion nicht mehr miterleben. Allerdings wird erwartet, dass die Kommunikationspartner die Selbstnarrration mittragen. Die Erzählung des Jugendlichen über einen gemeinen und ungerechten Lehrer bedarf der narrativen Bestätigung von Mitschülern, um die eigene Rollenzuweisung des Schülers als unschuldig zu erhalten.[76]

4.5 Das Individuum als Rollenspieler

Verschiedene Theorien erläutern die Darstellung der Identität des Individuums als aktive Aufgabe eines Rollenspiels. Die Grundlage entwickelte George Herbert Mead (1863–1931) mit seinen beiden Rollenaufgaben: „role-taking" und „role-making". Das „role-taking" setzt sich aus der Übernahme antizipierter Sichtweisen und Erwartungen des Handelnden zusammen. Ein Beispiel: Die Jugendliche kennt die Reaktion der Mutter, wenn sie nach dem abendlichen Discobesuch verspätet zu Hause erscheint. Sie kann direkt die erwartete Rolle der unzuverlässigen Tochter übernehmen. Sie übernimmt also die Erwartungen, „role-taking". Ferner kann sie ihre eigenen Identitätsentwürfe mit einbringen, die nicht deckungsgleich mit den Erwartungen der Mutter sein müssen. So gestaltet sie ihre eigene Rolle, „role-making". Zum Beispiel erklärt das Mädchen seine Verspätung, die durch das Trösten der besten Freundin beim Liebeskummer entstanden ist. Es zeigt hierdurch zusätzlich sein soziales Verantwortungsbewusstsein.

Aus den Interaktionsmöglichkeiten des „role-making" und „role-taking" entsteht Meads Identitätsmodell. Dies besteht aus Self, me und I. Das Self, die sogenannte Identität, entsteht aus den beiden Größen me und I. Das me besteht aus den von anderen

---

[75] Keupp (2002): Identitätskonstruktionen, S. 213.

[76] vgl. Kleve (2003), Konstruktivismus und Soziale Arbeit, S. 91 ff; vgl. Keupp (2002): Identitätskonstruktionen, S. 207 ff.

verinnerlichten Einstellungen, also aus „role-taking". Während das I individuelle Antworten auf die Erwartungen besitzt, „role-making".[77]

Abbildung 6: Identitätsmodell nach Mead

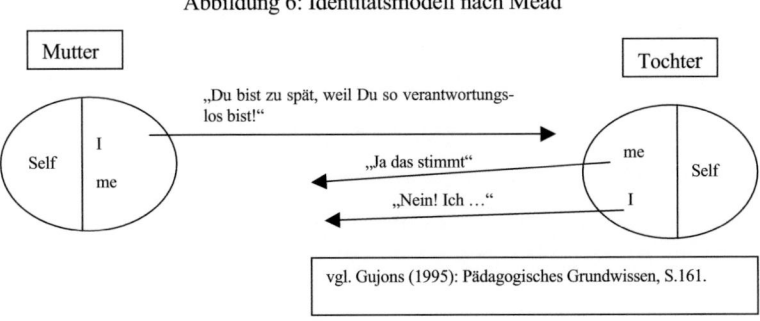

vgl. Gujons (1995): Pädagogisches Grundwissen, S.161.

Krappmann führt diese Rollentheorie weiter aus. Er spricht von einer Identität, die wir aktiv in Interaktionen erhalten. Durch verschiedene internalisierte Verfahren pendeln wir zwischen den eigenen Bedürfnissen und den Erwartungen anderer hin und her. Auf der Grundlage unserer eigenen Biographie, die immer Unterschiede zur Lebensgeschichte von anderen aufweist, erhalten wir individuelle Identitäten. Die Interaktion bildet bei Krappmann die Basis der Theorie der „balancierende Identität"[78]. Das Individuum ist bemüht, in einer Interaktion seine eigenen Bedürfnisse zu erfüllen. Allerdings ist die Voraussetzung für die Entstehung und Aufrechterhaltung von Interaktion die Miterfüllung der Erwartungen des Gegenübers. Dennoch führt eine vollständige Aufgabe der eigenen Erwartungen nicht zur Identität: Menschen, die vollständig die an sie gestellten Erfordernisse erfüllen, heben sich nicht mehr von dem entworfenen Bild der anderen ab. Sie besitzen keine einmaligen, individuellen Merkmale mehr, die sie als Individuum auszeichnen. Macht und Herrschaftsstrukturen, wie sie in totalitären Institutionen und in restriktiven Gesellschaften zu finden sind, verhindern ebenfalls die

---

[77]vgl. Krappmann (2005): Soziologische Dimensionen der Identität, S. 39; Keupp (2002): Identitätskonstruktionen, S.95 f; Gudjons (1995): Pädagogisches Grundwissen, S. 159 ff.

[78] vgl. Krappmann (2005): Soziologische Dimensionen der Identität, S.70.

Bildung von Identitäten. Auch für den Machtinhaber selbst, da „[…] die Anerkennung seiner Erwartungen, die […] [ihn] einhol[(t)en], leer [sind]."[79]

Bei der ersten Kontaktaufnahme beschnuppern wir uns vorsichtig, wir schauen und hören, was unser Gegenüber erwartet. Die Individuen spielen Rollen aus den Vorausschauungen. Oft erfolgt die Erfüllung der Rollenerwartung durch die im Sozialisationsprozess erworbene Internalisierung der Erwartungen.[80] Unsere Gesellschaft bietet ferner verschiedene Orientierungshilfen in Form von Symbolen wie Uniformen, Kleidung, Berufsbezeichnungen und Normen. Diese Einteilung der Menschen nach Vor-Urteilen, die aus dem ersten Eindruck entstehen, haben oftmals große Nachteile für den Einzelnen. Ein Jugendlicher im „Grufti"-Outfit wird von den Autoritätspersonen schneller als faul, eventuell depressiv oder aufsässig eingestuft, anders als das normal gekleidete Mädchen.

„Der nächste Schritt besteht dann darin, dass das Individuum die Erwartungen, die es aus der möglichst adäquat erkannten Identität des Interaktionspartners ableitet, als der eigenen Identität nicht voll entsprechend darstellt."[81] Als weitere wichtige Fähigkeit des Individuums in der Interaktion beschreibt Krappmann, angelehnt an Goffman, die Offenheit. Wer sich auf eine Identitätspräsentation, also auf eine eingenommene Rolle verlässt, kann schnell enttäuscht werden. Auch wenn die Rolle zuvor noch zum erfolgreichen Austausch verholfen hat, kann sie nun scheitern, da verpasst wird, die neuen Erwartungen aufzunehmen.[82] Identität kann keine festgefahrene, lang bestehende Säule sein, sie ist biegsam und veränderbar. „Der Mensch muss somit in der Lage sein, diese ständig und immer wieder aufs Neue labile Situation in Interaktionsprozessen zu ertragen und zu gestalten."[83] Auch die zugeschriebenen Rollen oder Positionen einer Gesellschaft sind wandelbar. Jeder Nutzer einer Rolle gibt seine eigenen Potenziale, Meinungen und Bedürfnisse mit ein. Der Jugendliche, der neu in die Basketball-AG kommt, kennt neue Spieltaktiken, die er der Gruppe beibringt. Die Basketballgruppe entwickelt sich somit weiter und gewinnt von nun an bei Wettkämpfen. Die Jugendlichen, die zuvor nach verlorenen Spielen frustriert waren und oft in lautstarken

---

[79] Krappmann (2005): Soziologische Dimensionen der Identität, S. 29.

[80] vgl. Schäfers (2003): Grundbegriffe der Soziologie, S. 289 ff.

[81] Krappmann (2005): Soziologische Dimensionen der Identität, S. 38.

[82] vgl. Krappmann (2005): Soziologische Dimensionen der Identität, S. 42.

[83] Lammel (2003): Rauschmittelkonsum und Freizeitverhalten der 14- bis 18-Jährigen, S. 125.

Aggressionsausbrüchen ihren Ärger herausgelassen haben, helfen nun beim Aufräumen der Turnhalle und feiern später gemeinsam den Sieg. Der Rollenträger des neuen Basketballspielers hat die Rollen der lautstarken, unzuverlässigen Basketballer positiv verändert.

Krappmann spricht vom Zwang der Spaltung der Persönlichkeit: Das Individuum muss in verschiedenen Rollen agieren beziehungsweise Teilidentitäten aufbauen, um an den unterschiedlichen, teilweise widersprüchlichen Interaktionen teilnehmen zu können. Geraten also die von verschiedenen Bezugsgruppen gestellten Anforderungen an ein und dasselbe Individuum in einen Konflikt, wird von einem Intra-Rollenkonflikt gesprochen.[84] Um mit den möglichen Verlusten seiner angestrebten Bedürfnisse umzugehen, nutzt das Individuum verschiedene Muster: Es kann die eigenen Bedürfnisse oder die der anderen ignorieren. Virginia Satir[85], die sich als Humanistin und Familientherapeutin mit dem Sichtbarmachen der verschiedenen Rollen der Familienmitglieder und mit selbstverbergenden Kommunikationsformen befasst hat, beschreibt vier Verdrängungsmuster:

1. Wir können beschwichtigend auftreten und in Konflikten uns die Schuld geben, demnach werden unsere eigenen Erwartungen zurückgestellt.

2. Wir können die anderen beschuldigen; an einem Missverständnis schuld zu sein.

3. Wir rationalisieren die Aussagen des Gegenübers dahingehend, dass seine Erwartungen an uns nicht mehr bedrohlich sind.

4. Wir lenken von dem eigentlichen Thema ab und gehen damit nicht auf die Erwartungsangebote des Gegenübers ein.

Als Lösung nennt Satir die kongruente Kommunikation, in der die eigenen Gefühle und Gedanken beschrieben werden und somit ein Kompromiss der beiden Erwartungsträger angestrebt wird. Krappmann beschreibt in diesem Zusammenhang die Fähigkeit des Individuums, in seiner Identitätspräsentation eine Als-ob-Haltung anzunehmen. Es

---

[84] vgl. Schäfers (2003): Grundbegriffe der Soziologie, S. 290.

[85] vgl. Satir (1990): Kommunikation, Selbstwert, Kongruenz, S. 117 ff.

beugt sich so zunächst den Erwartungen seiner Interaktionspartner. Dabei bleibt das Individuum in seiner Haltung offen und kann seine Darstellung verändern.[86] Vier identitätsfördernde Fähigkeiten helfen dem Rollenspieler bei der Wahrung seiner Identität:

1. Rollendistanz[87]

Diese Fähigkeit fordert vom Individuum, sich über die an es herangetragenen Anforderungen zu erheben, um in seiner Rolle auswählen, ablehnen, verändern und interpretieren zu können. Es besteht ein Verhaltensspielraum zwischen übermäßigem Aufgehen in der Rolle („overattachment") und Entfremdung von der ausführenden Rolle („alienation"). Zwischen dem Aufgehen und der Entfremdung bewegt sich das Individuum, wobei es eine Distanz zu seiner Rolle wahrt. Der Rückgriff auf eine andere Rolle oder das gesamte Spektrum an Rollen ermöglicht diese Distanz. Sie ermöglicht dem in verschiedenen, teilweise in kontroversen Rollen agierenden Individuum die Reflexion über das Zusammenspiel von außen herangetragenen und eigenen Erwartungen. Ferner erhält sie die innere Harmonie, um inkongruente Erfahrungen in einzelnen Rollenaufgaben mit dem Wissen um die unterschiedlichen Rollen auszuhalten.[88] Bei dem oben beschriebenen Mädchen, das zu spät aus der Disco kommt, bedeutet dies: Es hält sich seine Reaktion erst einmal offen, wenn es das Elternhaus nach dem Tanzausflug betritt. Es hält Distanz zur Rolle der verantwortungslosen Tochter und wartet zum Beispiel auf die erste Reaktion der Mutter. Sollte diese dem Mädchen die Möglichkeit geben, sich zu erklären, kann es sich von der auferlegten Rolle der verantwortungslosen Tochter entfernen. Sie kann aber auch die Rollenerwartung der Mutter aushalten mit dem Wissen, dass sie sich bei der Freundin, der sie geholfen hat, verantwortungsvoll verhalten hat. Mit der nötigen Distanz reflektiert sie selbst, dass ihre Mutter sie für verantwortungslos hält, sie aber von anderen Menschen genau gegenteilig eingeschätzt wird.

---

[86] vgl. Krappmann (2005): Soziologische Dimensionen der Identität, S.67 f.

[87] Krappmann entwickelt diese Punkte unter Bezug auf Goffmans Theorie, vgl. Krappmann (2005): Soziologische Dimensionen der Identität, S. 132.

[88] vgl. Krappmann (2005): Soziologische Dimensionen der Identität S. 133 ff.

2. „role-taking" und Empathie

Die zuvor beschriebene Rollendistanz ist die Voraussetzung für Empathie. Krappmann setzt das von Mead beschriebene „role-taking", also die Annahme der Rolle und der damit verbundenen Aufgaben durch das Individuum, mit Empathie gleich. In psychologischen Werken[89] wird Empathie mit der Betroffenheit eines Menschen beim Beobachten oder Erfahren eines Leids etikettiert und somit als kognitive Leistung benannt. Oerter & Montada führen hier unter Bezug auf Bischof-Köhler auf, dass es Unterschiede in der Fähigkeit der emotionalen Perspektivenübernahme und der Empathie gibt. Empathie ist demnach erreicht, wenn das Individuum in seiner Gefühlslage mit der des Gegenübers übereinstimmt. Es nimmt die Gefühle aber noch als auf den anderen bezogen wahr. Der Prozess des „role-taking" wird allerdings auch ständig getestet und auf Grund von neuen Ereignissen, die der fortschreitende Prozess liefert, kontinuierlich verändert.[90]

3. Ambiguitätstoleranz[91]

Wie schon mehrfach beschrieben, decken sich die Erwartungen des Einzelnen im Regelfall nicht mit denen der Allgemeinheit. Die Stärke der Ambiguitätstoleranz des Individuums bemisst sich nach der Fähigkeit, diese Widersprüchlichkeiten zu ertragen. Das Individuum besitzt verschiedene internalisierte Wege, die unerfüllbaren gestellten Anforderungen zu umgehen. Diese Abwehrmechanismen können aus Leugnung der Ambiguitäten resultieren oder sie werden ignoriert. Die Mutter erwartet vom 16-jährigen Mädchen, abends um 23 Uhr nach Hause zu kommen. Es selbst hat den Wunsch, länger mit seinen Freunden etwas zu unternehmen. Leugnet das Mädchen die Ambiguitäten, wird es seine eigenen Wünsche verleugnen und pünktlich zu Hause erscheinen. Es kann aber auch die Erwartungen seiner Mutter ignorieren. Für das Mädchen besteht die

---

[89] vgl. Zimbardo (1992): Psychologie, S. 373; Montada & Oerter (2002): Entwicklungspsychologie, S. 204.

[90] vgl. Krappmann (2005): Soziologische Dimension der Identität S. 142 ff.

[91] Krappmann (2005): Soziologische Dimension der Identität S. 150 ff

Gefahr, dass die soziale Interaktion gestört wird, es vielleicht für seine Handlung bestraft wird. Die dritte Möglichkeit besteht in einer gemeinsamen Interaktion der Erwartungsträger, die ggf. zu einer Kompromisslösung führt. Nach Krappmann, rückblickend auf Studien von Kohn, Carroll (1960) und Coser (1964)[92], besteht ein Zusammenhang zwischen der Entwicklung von Ambiguitätstoleranz und der Erziehung von Kindern. Demnach entwickelt ein Kind nur in geringem Maß die Fähigkeit, Ambivalenzen auszuhalten, wenn in der Erziehung Ambiguitäten geleugnet und versteckt werden.

4. Identitätsdarstellungen[93]

Individuen verfügen über unterschiedliche Fähigkeiten, ihre vorhandene Ich-Identität sichtbar werden zu lassen. Goffman beschreibt die soziale Interaktion als Theaterstück. Der Mensch steht auf der Bühne der Gesellschaft und stellt eine übernommene Rolle dar. Der Lebensschauspieler muss sich auch wieder leise davonstehlen können, wenn seine Rolle nicht mehr erwünscht ist.[94] Vermutlich ist er mehr noch der eigene Regisseur und Schauspieler, der ebenfalls die Wirkung seiner eigenen Requisiten, wie seine Fähigkeiten oder Erfahrungen, unterschiedlich beleuchtet und passend zur Kulisse und zum Publikum in Szene setzt. Ferner beschreibt Goffman unterschiedliche Darstellungsweisen: So muss der Mensch als Schauspieler an seine eigene Rolle glauben. „[…] er kann ehrlich davon überzeugt sein, daß der Eindruck von Realität, den er inszeniert, „wirkliche" Realität sei."[95] Jeder Lebensschauspieler besitzt ein standardisiertes Ausdrucksrepertoire, die Fassade, die er mehr oder weniger bewusst einsetzt. Diese Bühnenbilder, die Orte des Spielens, zum Beispiel das Büro oder die eigene Wohnung, sind geographisch unbeweglich und dienen somit nur in wenigen Lebenstheaterstücken als Hintergrund, während die persönliche Fassade wie Kleidung Alter, physische Erscheinung uns in jedem Spiel begleiten. Zur Fassade zählt die Fähigkeit des Einzelnen zur dramatischen

---

[92] vgl. Krappmann (2005): Soziologische Dimension der Identität S. 163 ff.

[93] vgl. Goffman (2006): Wir alle spielen Theater, S. 19 ff.

[94] vgl. Krappmann (2005): Soziologische Dimensionen der Identität, S. 56 und S. 168.

[95] Goffman (2006): Wir alle spielen Theater, S. 19.

Darstellung. Spezielle Rollen wie die des Auszubildenden oder des Schülers sind oft mit klaren Aufgaben versehen. Andere, wie die Rolle in einer neuen Clique, erfordern hohe eigene dramatische Gestaltung. Jeder Spieler ist bemüht, die zurzeit gespielte Rolle zu idealisieren oder zu verstecken. So zieht der Jugendliche, der sich mit Freunden trifft, seine einzige Markenhose an, während er bei dem Besuch der Großmutter vielleicht mit Absicht einen alten Pullover trägt, um eine finanzielle Unterstützung zum Kleidungsgeld zu erhalten. Der Mensch ist bemüht, seinen Ausdruck zu kontrollieren. Jeder Spieler unterliegt der ständigen Beobachtung durch das Publikum und betrachtet die anderen Spieler kritisch. Die Angst vor unwahren Darstellungen begleitet unsere Beobachtung. Niemand möchte von einem Hochstapler betrogen werden. Doch kleine Verbergungen werden verziehen, zum Beispiel, wenn der Jugendliche seine Heimherkunft verschweigt. In vielen Situationen sind die Darsteller allerdings überzeugt, ihre „ [...] Auslegung der Situation sei identisch mit der Realität."[96] In dem Kapitel über „Dichtung und Wahrheit" beschreibt Goffman[97] ein Zusammenspiel zwischen der inneren Überzeugung des Schauspielers und dem Wohlwollen des Publikums. So kann das Publikum auch hohe Erwartungen an die Rolle des Spielers haben, die dieser nicht erfüllen kann. Das Leben bleibt ein Spiel, dessen Ausgang von verschiedenen Interaktionspartnern gestaltet wird.

Abschließend sei noch erwähnt, dass in Anlehnung an die im vorigen Kapitel erwähnten gesellschaftlichen Veränderungen auch schon Krappmann die technische Gesellschaft als bedürfnisentfremdet beschreibt. Anforderungen wie Effizienz, Unparteilichkeit und Anpassungsfähigkeit „stehen heute hoch im Kurs" der erforderten Schlüsselkompetenzen. „Menschen dieser Art sehen gefestigt aus."[98] Sie werden aber Schwierigkeiten haben, in unklaren, wenig definierten Situationen zu agieren, also „kreative Schöpfungen hervorzubringen, die die Maßstäbe ihrer sozialen Umwelt überschreiten, und Bedürfnisbefriedigungen auch zu genießen."[99] Wer heute nicht dem Normalbild

---

[96] Goffman (2006): Wir alle spielen Theater, S. 66.

[97] vgl. Goffman (2006): Wir alle spielen Theater, S. 65 ff.

[98] Krappmann (2005): Soziologische Dimensionen der Identität S. 66.

[99] Krappmann (2005): Soziologische Dimensionen der Identität S. 66.

der gerade gespielten Rolle entspricht, muss mit Stigmatisierungen rechnen. Zum Selbstschutz operiert der Mensch auf der Als-ob-Basis.[100]

4.6 Zusammenfassung

Die gesellschaftlichen Entwicklungen haben auch zur Weiterentwicklung der Identitätstheorien der letzten 60 Jahre geführt. Die heutigen Theorien gehen von einer narrativen Bildung der Identität mit dauerhafter Selbstleistung des Individuums aus. Das gesunde Individuum erreicht heute kein Kohärenzgefühl mehr. Es muss fortwährend nach neuen Passungsmöglichkeiten suchen und sich seinen Zwiespalt bewusst machen. Kohärenz besitzt heute eine offene Struktur. Das Individuum lernt, zu einzelnen Rollen, die es spielt, in Distanz zu gehen und Ambiguitäten auszuhalten. Jeder Mensch agiert in unterschiedlichen Rollen wie ein Schauspieler auf einer Bühne. Die virtuelle Welt bietet zusätzliche Bühnenräume, auf die im folgenden Kapitel eingegangen wird.

---

[100]vgl. Krappmann (2005): Soziologische Dimensionen der Identität S. 71 ff.

5 Die virtuelle Welt als Bühnenraum der Identität des Jugendlichen

In diesem Abschnitt sollen verschiedene Bezüge zwischen den virtuellen Welten einzelner Computerspiele und Online-Dienste zu der Möglichkeit der Identitätsdarstellung von Jugendlichen präsentiert werden. In den Ausführungen werden unterschiedliche Computerspiele und Internetdienste erwähnt, die ausführlich im Anhang erläutert werden. Die Auswahl der einzelnen Spiele und Dienste wurde nach ihrer Popularität bei den Jugendlichen getroffen. Besondere Erwähnung finden die beliebten virtuellen Welten der Spiele „Die Sims" und „World of Warcraft", sie ermöglichen ein visuelles Eintauchen in eine Computerwelt. Die Spiele sind in ihrer Handhabung komplex, so dass die Fähigkeiten zu ihrer Nutzung erst mit dem Jugendalter bestehen. Eine Altersgrenze der Spieler nach oben ist nicht vorhanden. Bei dem Online-Spiel „World of Warcraft" besteht zusätzlich noch Reiz der weltweiten Vernetzung. Die Spieler treffen in dieser künstlichen Welt auf die Protagonisten von anderen Menschen, mit denen sie in Kontakt treten können. Auch die Online-Dienste wie Chats und die eigene Homepage üben eine enorme Anziehungskraft auf die Jugendlichen aus. Sie scheinen hier ihre eignen Peergroup-Räume zu finden und so mit Hilfe von Jugendlichen aus ganz Deutschland und sogar der gesamten Welt ihre Sozialisation vorzunehmen. Näheres hierzu später.

Die erste Frage, die sich in dem Zusammenhang der virtuellen Welten und ihrer Nutzung von Jugendlichen stellt, ist die nach ihren Motivationsbezügen. Warum spielen und nutzen Jugendliche die virtuellen Welten? Nach der Beantwortung dieser Frage wird der konkrete Bezug zur Identitätsentwicklung in der virtuellen Realität geschaffen. Zum Schluss dieses Kapitels wird überlegt, inwieweit die virtuellen Welten als Kompensationsmöglichkeit für gesellschaftliche Anforderungen von den Jugendlichen genutzt werden.

5.1 Motivationsbezüge für die Nutzung virtueller Welten

Die Frage nach der Faszination der virtuellen Welten ist komplex, müssen wir doch die verschiedenen Medien und die vielen unterschiedlichen Formen der Nutzung unterscheiden. Misek-Schneider und Fritz belegen anhand ihrer Experimente mit Sozialpädagogikstudenten verschiedene Motivationspotenziale von Computerspielen. Sie stellen ein Spektrum zwischen Faszination, Rauschzuständen und Entspannungsmöglichkeiten fest. Studenten berichten von dem Wunsch der Verschmelzung. Verschmelzung bedeutet für sie, sie können alles neben dem Computerspiel vergessen. Andere Spiele faszinieren die Studenten, da sie Verbindungen mit dem realen Leben bieten oder eigene Persönlichkeitsmerkmale wie das Bedürfnis, Ordnung zu schaffen, bedienen. Oft reizt sie die Suche nach Erfolgserlebnissen beim Spielen. Zusammenfassend lassen sich also folgende Motivationskriterien aufstellen:

- Das Spiel fasziniert beim Spielen.

- Rauschähnliche Zustände wie das Vergessen der Umwelt werden erreicht.

- Das Computerspiel ermöglicht Entspannung und das Abschalten vom Alltag.

- Herausforderungen werden an den Spieler gestellt und er hat Erfolgserlebnisse.

- Es kann eine Kopplung mit dem Alltagsleben vorliegen, zum Beispiel spielt der Fußballspieler ein Fußballcomputerspiel oder die Interessen aus anderen Medien werden aufgegriffen, zum Beispiel kann der Film Indiana Jones im Spiel nachgespielt werden.

- Es bestehen Assoziationsmöglichkeiten, so erinnern einige Studenten die Kugeln im Spiel „Logical" an das frühkindliche Murmelspiel.

- Die eigenen Persönlichkeitsmerkmale, wie zum Beispiel die Ordnungsliebe, werden aufgegriffen.

- Die eigene Lebenssituation wird aufgenommen oder es werden gezielt Alternativen gesucht.

- Die eigenen Aggressionen werden im Spiel abgebaut.[101]

- 83 % der von Fromme, Meder & Vollmer befragten Kinder und Jugendlichen zwischen 8 und 15 Jahren gaben an, sich aus Langeweile dem Computerspiel zuzuwenden.[102]

---

[101] vgl. Misek-Schneider & Fritz (1995): StudentInnen im Sog der Computerspiele, S. 53 ff.

- Es bestehen eigene Gestaltungsmöglichkeiten.

- Rätsel und Aufgaben können gelöst werden.[103]

Besonders die Merkmale der Kopplung mit dem Alltag, des Bezuges zu den eigenen Persönlichkeitsmerkmalen und zur Lebensgeschichte lassen Verbindungen des Spielers über die Spielfigur zu eigenen Präsentrationsmöglichkeiten zu. So stellt sich die Frage, der wir etwas später nachgehen werden: Kann der Spieler die Spielfigur nutzen, um mit ihr Erfahrungen für das richtige Leben zu sammeln? Einige der Motivationsmerkmale lassen sich ebenfalls auf das Medium der Internetnutzung übertragen, besonders wenn wir von Online-Spielen wie „World of Warcraft" ausgehen. Bei diesem Online-Rollen-/Kampfspiel überschneiden sich die Computerspielfaszination und die Möglichkeit der weltweiten Kontaktaufnahme im Internet, das heißt, hier liegt die Faszination zusätzlich in dem Aufbau neuer Kontakte. So wird es in diesem Spiel mit dem Aufsteigen in höhere Schwierigkeitsstufen oder, wie es im Spiel heißt, im Aufstieg um Erfahrungspunkte sogar verpflichtend, sich mit den anderen Spielern zusammenzuschließen.

Weitere Motivationskriterien für die Nutzung des Internets durch Jugendliche lassen sich aus den Berichten von Nicola Döring in ihrem Buch „Sozialpsychologie des Internets"[104] ableiten:

- Über das Internet lassen sich Kontakte aufbauen, halten und verbessern, die eine räumliche Distanz aufweisen. So finden zum Beispiel räumlich verstreut lebende ethnische Minderheiten über dieses Medium eine Form des Austausches.

- Handykaps, Schwächen und Fehler einzelner Menschen sind nicht direkt sichtbar. Diese Schein-Anonymität bietet den Vorteil einer neuen Sicherheiten in der Interaktion. Döring unterscheidet hier vier verschiedene Anonymitätsformen[105]: den völlig unbekannten Nutzer, den Pseudo-Anonymen, der immer unter demselben Nicknamen agiert, den Identifizierbaren und den

---

[102] vgl. Fromme, Meder & Vollmer (2000): Computerspiele in der Kinderkultur, S. 48.

[103] vgl. Kirk (2004): Mädchen und Computerspiele, S. 151.

[104] vgl. Döring (1999/2003): Sozialpsychologie des Internet S. 344, S. 362 ff.

[105] vgl. Döring (1999/2003): Sozialpsychologie des Internets, S.344.

Pseudo-Identifizierbaren. Bei der Pseudo-Identifizierbarkeit handelt es sich um eine personenbezogene Darstellung einer Person außerhalb des Netzes, die nicht existiert. Der User verwendet eine E-Mailadresse die auf eine richtige Person verweißt zum Beispiel PeterMüller@gmx.de. Diese Darstellung stimmt aber nicht mit der Identität des Users über ein. Aber bereits der erste Umgang mit dem PC bietet das Gefühl der Erweiterung der eigenen Fähigkeiten.[106] So können intellektuelle Schwächen ausgeglichen werden. Wir erreichen in der virtuellen Welt mehr, als wir in der realen Welt erreichen. So kann der Computer uns zum Beispiel Schrifttexte in Sprachen übersetzen, die wir selbst nicht sprechen. In Bildbearbeitungsprogrammen lassen sich mit ein wenig Übung kleine Fehler wie rote Augen oder Pickel vom eigenen Bild entfernen. Auch nicht vorhandene Luxusgüter lassen sich hier hineinretuschieren. Teilt sich das 14-jährige Mädchen in der realen Welt in der 3-Zimmer-Wohnung der Familie ein kleines Zimmer mit der jüngeren Schwester, eröffnen sich in der virtuellen Welt ganz andere Möglichkeiten. Im Sims-Spiel oder im „moove"-Chat lässt sich für die virtuellen Stellvertreter eine Villa mit luxuriösen Möbeln und Pool im Garten errichten.

- Im Umgang mit dem Computer erfährt der Nutzer ein Kontrollgefühl. Der Computer lässt sich durch die Stromzufuhr des Ein- und Ausschaltknopfes kontrollieren. Im Spiel steuert der Spieler den Protagonisten und besiegt die Gegner. Bei der Erstellung einer Homepage bestimmt er allein, was er darstellen möchte. Das Bedürfnis nach Kontrolle und Macht lässt sich mit Hilfe des Computers ohne größeren Schaden für andere Menschen exzellent ausleben.[107]

- Das wohl wichtigste Motivationskriterium in Bezug auf den Aspekt der Identitätsentwicklung ist die Möglichkeit, sich im Netz selbst darzustellen. Der Nutzer des Internets kann in ganz unterschiedlichen Formen ein eigenes narratives Bild seiner Person entwerfen. Er entscheidet selbst, welche Informationen er preisgeben möchte und erhält dazu von der Umgebung ein Feedback. Bei Nichtgefallen der Reaktion ist es ihm möglich, noch einmal neu zu beginnen,

---

[106] vgl. Turkle (1999): Leben im Netz, S. 43.

[107] vgl. Büttner: Verhältnis von phantasierter zur realen Gewalt, http://snp.bpb.de Fritz & Fehr: Von der realen zur virtuellen Gewalt, http://snp.bpb.de; Turkle (1999): Leben im Netz, S. 43.

er kann sich zum Beispiel unter einem anderen Nicknamen im Chat neu anmelden und eine andere Geschichte erzählen.

- In der virtuellen Welt können sich die Nutzer eine neue Heimat suchen, einen Ort, an dem sie neue Kontakte schließen, Freunde finden und ein anderes Leben führen.[108]

5.2 Identitäten ausprobieren im Computerspiel und im Internet

Jugendliche suchen entwicklungspsychologisch bedingt ihre eigene Rolle, indem sie sich mit den in der Gesellschaft angebotenen Rollenvorgaben auseinandersetzen. Sie benötigen die von Krappmann und Goffman beschriebnen Bühnenräume, um ihre Rolle auszutesten und zu entwickeln. Hier können unterschiedliche Computerspiele eine Hilfestellung anbieten. Sie eröffnen die aktive Möglichkeit, nicht nur Abenteuer eines Protagonisten zu beobachten, wie es in der Literatur und im Fernsehen der Fall ist, sondern seine Handlungen selbst zu steuern.

5.2.1 Identitätsangebote im Computerspiel

Die Identitätsangebote der Computerspiele sind unterschiedlich. Unter Bezugnahme auf das Modell von Bente, Krämer & Petersen (siehe Kapitel **3.4.1**) können die Interaktivität und die Lebendigkeit eines Spiels entscheidende Merkmale für das Eintauchen des Nutzers in die virtuelle Welt sein. In einigen Spielen lassen sich die Spielcharaktere der Protagonisten auswählen. Im Rollenspiel „World of Warcraft" kann zwischen Menschen, Nachtelfen, Zwergen, Gnomen, Orks, Tauren, Trillen und Untoten gewählt werden. Je nach Charakter besitzt der Protagonist andere Spielmöglichkeiten, wie zum Beispiel die Einsatzmöglichkeiten von Waffen, Zwerge haben Äxte und Zauberer Zauberstäbe. Sie erleben eine auf den Charakter bezogene Handlungsgeschichte und beginnen ihr Spiel in den jeweiligen Hauptstädten des Volkes. Ferner können noch spezifische Berufe erlernt werden, die den Charakter weiter

---

[108] vgl. Misoch (2004): Identitäten im Internet, S. 160.

ausschmücken, und die erlernten Fähigkeiten werden im Spiel mit anderen gebraucht, um Aufgaben in sogenannten Gilden zu erfüllen.

Abbildung 7: Charakterauswahl beim „World of Warcraft"-Spiel

	Quelle: "World of Warcraft" Startmenü.

Ähnlich verläuft es im Simulationsspiel „Die Sims". Hier können die Computerspieler gleich eine ganze Familie oder Hausgemeinschaft zusammenstellen und diese Figuren ähnlich ihren eigenen Persönlichkeitszügen oder mit erdachten Attributen auszustatten. Die Spielfiguren können faul, extrovertiert oder verspielt sein. In vielen anderen Spielen sind die Spielfiguren angelehnt an mystische, märchenhafte oder andere Personenangebote aus bekannten Medien.[109]

Susanne Kirk[110] weist auf die unterschiedlichen Identitätsangebote für Mädchen und Jungen in Computerspielen hin. Die Hauptnutzer von Computerspielen sind heute noch immer mit 61 % die Jungen. Nur knapp 15 % der befragten Mädchen der

---

[109] vgl. Witting (2004): Virtuelle Spielfiguren, S. 142ff.

[110] vgl. Kirk (2004): Mädchen und Computerspiele, S. 149 ff.

JIM-Studie gaben an, täglich oder mehrmals täglich Computer zu spielen.[111] Hier stellt sich nun die Frage, ob es so wenige weibliche Protagonisten in den Computerspielen gibt, weil so wenige Mädchen das Medium nutzen, oder nutzen so wenige Mädchen das Medium, weil es keine Identifikationsspielfiguren gibt? Anders ausgedrückt: Entsprechen die Spiele nicht den Bedürfnissen der Mädchen? Festhalten lässt sich jedenfalls, dass die weiblichen Spielfiguren oft mit männlichen Attributen ausgestattet sind.

Abbildung 8: Weiblicher Charakter im „Tomb Raider"-Spiel

Quelle: http://www.tombraider.de/trl/downloads/wallpaper_02_800.jpg.

Die weiblichen Superhelden, wie hier zum Beispiel „Lara Croft", sind schlank und muskulös, sie treten in sexualisierter Form in sehr kurzer Kleidung und mit großen Brüsten auf. Weibliche Nebenrollen in Spielen sind oft hilfsbedürftig, sexuell verfügbar, zickig oder als weinerliche Dummerchen besetzt. Mädchen finden in den Computerspielen kaum positive Identifikationsfiguren.[112] Etwas besser ist es im Spiel „die Sims", hier können die Mädchen zwischen verschiedenen Charakteren, (Karrierefrau, Mutterrolle, Punk oder feine Dame) wählen. Auch stehen verschiedene Hautfarben, eine dünne oder etwas dickere Figur zur Wahl.

---

[111] vgl. JIM-Studie 2005, S. 33.

[112] vgl. Kirk (2004): Mädchen und Computerspiele, S. 150.

Bei Computerspielen erhalten die jugendlichen Spieler Identifikationsrollen, in deren Spielgeschichte sie sich hineinträumen können. Sie erleben – anders als beim Fernsehen – geistig aktiv die präsentierte Geschichte mit und müssen sie mitgestalten. Die Spieler erschaffen nach ihrem Spielinteresse ihren eigenen Charakter, ähnliche Spielfiguren oder probieren sich in ganz gegensätzlichen Rollen aus. Besondere Faszination üben Spielwelten aus, die interaktiv von jedem Spieler mitgestaltet werden können. Bei „World of Warcraft" treten die gewählten Charaktere darüber hinaus mit anderen Spielern in Kontakt. Hier entsteht eine neue Erlebniswelt, in der der Spieler andere Rollen spielt als im realen Leben.

5.2.2 Präsentationsmöglichkeit Nickname, Homepage und Co.

> *„Da kein Zentrum vorhanden ist, kann sich*
> *jeder einbilden, er befinde sich wie die*
> *Spinne in ihrem Netz im Mittelpunkt der*
> *Welt."[113]*

Die Identifikationsformen, die das Internet bietet, beruhen auf dem Individuum bekannten oder neu erschaffenen Rollen. Der User präsentiert sich in narrativer Form, seine Angaben und Aussagen sind nur schwer überprüfbar, so bleibt es ihm überlassen, welche Rolle er spielen möchte.

Eine erste Präsentation findet durch die Wahl eines Namens, des sogenannten Nicknamens statt. Ob im narrativen Rollenspiel (MUD) oder im Chat, das erste Auftreten des Jugendlichen wird allein über diesen Namen festgelegt. Im Nicknamen können sich die eigenen Interessen für Filme, Computerspiele, Bücher oder Musik widerspiegeln. Die Darsteller können eine Rolle wählen, die ihren Persönlichkeitsmerkmalen entspricht oder eine die gegensätzliche Charaktereigenschaften verkörpert. Möchte das Mädchen abenteuerlich, verspielt und etwas böse wirken, nennt es sich vielleicht „Der Wizard beißt in der Nacht". Dies kann ein Hinweis auf ein Identitätsmerkmal sein oder eine Übertreibung der eigenen Interessen wie zum Beispiel bei dem Nicknamen „Sexy Häschen". Oft handelt es sich um provokative Einstiege, mit denen die Jugendlichen auf sich selbst aufmerksam machen. Ilka Willand vergleicht Nicknamen mit Masken. Diese Masken können unangenehme reale Eigenschaften des Jugendlichen verstecken und gleichzeitig das Interesse des Publikums, also der andern Internetnutzer, wecken. Bei der Wahl seines Nicknamens muss sich der Träger die Frage stellen, welche Assoziation oder Projektion er bei anderen Teilnehmern des Chats oder des Forums freisetzen möchte.[114] Die Wahl des Namens geschieht jedoch oft unreflektiert. Bei den meisten Chats ist die Nicknamenwahl dadurch eingeschränkt, dass bereits genutzte Namen mit einem Passwort geschützt sind und daher nicht mehr von Neueinsteigern genutzt werden können.

---

[113] vgl. Enzens-Berger (2000): Das digitale Evangelium, S. 96 ff.

[114] vgl. Willand (2002): Chatroom statt Marktplatz, S. 69 ff.

Über die Namenswahl drückt sich das Geschlecht der dargestellten Person aus, dieses gewählte Gender muss natürlich nicht mit dem der realen Person übereinstimmen. Im Netz ist der Chatter frei, neue Identitäten auszuprobieren. Döring verweist darauf, dass es für das Wechseln des Geschlechtes verschiedene Beweggründe gibt, die nicht zwangsläufig mit pädophilen Motivationen gleichzusetzen sind. Männer erproben das weibliche Geschlecht online zum Beispiel, um Emotionalität und Verletzlichkeit zulassen zu können. Das Ausprobieren der anderen Geschlechterrolle kann auf längere Zeit vielleicht auch zu einem Umbruch des Rollenverständnis in der Gesellschaft führen.[115] Wie das zweite Kapitel dieser Arbeit gezeigt hat, beschäftigen sich besonders Jugendliche mit ihrer Geschlechterrollenwahl, das Internet bietet hier einen interessanten Experimentierraum.

Zusätzlich zum Nicknamen lassen sich in einigen Chats „Avatare"[116] nutzen. Diese kleinen Bilder dienen als Online-Verkleidung, welche die Aufmerksamkeit der anderen Chatter erregen sollen. Ferner lassen sich eigene Bühnenbilder erstellen, in denen die gewählten Online-Identitäten ihr Rollenspiel vollführen können. Ein Online-Zuhause ist in verschiedenen Formen je nach Chatcharakter kreierbar. Hier kann man neu gewonnene Freunde zum intimen Chat einladen. Die Online-Identität lässt sich so durch gewählte Möbel oder Accessoires ausschmücken.

Nach den ermittelten Zahlen von Sabina Misoch ist die eigene Homepage eine von Jugendlichen noch sehr wenig genutzte Präsentationsform im Netz. Sie belegte in ihrer Studie zur Selbstdarstellung im Internet, dass die Hauptnutzergruppe einer eigenen Homepage die Gruppe der 20- bis 40-Jährigen ist. Der Prozentsatz der jüngeren Nutzer liegt bei 2,4 %. Inwiefern diese Zahlen für die tatsächliche Anzahl der Jugendlichen Homepagebesitzer heute ausschlaggebend ist, kann hier nicht geklärt werden. Die von Misoch befragten Nutzer stellen keine repräsentative Gruppe dar sondern nur eine Stichprobe. Nach Aussage einer von mir befragten 16-jährigen Gymnasiastin hat beispielsweise die Hälfte ihrer Freunde eine eigene Homepage und eigentlich jeder einen sogenannten „Blog".[117] In der gesamten Stufe schätzt sie das Ergebnis allerdings etwas

---

[115] vgl. Döring (1999/2003): Sozialpsychologie des Internet S. 378.

[116] vgl. Willand (2002): Chatroom statt Marktplatz, S. 74.

[117] Ein „Blog" sind einige Internetseiten, auf denen ein User wie in einem Tagebuch Gedanken und Gedichte veröffentlichen können. Nach dem Duden ist es die Kurzform für Weblog, „[…]tagebuchartig geführte, öffentliche Website zu einem bestimmten Thema[…]"; Duden (2006): Die deutsche Rechtschreibung, S. 1106.

niedriger ein. Hier hat vielleicht etwa ein Viertel der Jugendlichen eine eigene Home-page beziehungsweise einen Blog.

In jedem Fall ist dieses Medium eine hervorragende Möglichkeit, sich selbst darzustel-len. Auf der eigenen Seite präsentiert sich der Gestalter selbst: Hobby und Interessen, seine eigene Person, die Reisen, seine Familie, aber auch eigene Gedanken werden – oft auch mit Fotos – der breiten Öffentlichkeit vorgestellt. Die Motivationen reichen dabei von Selbstpräsentation, über die Intention anderen etwas geben, die Freunde über sein Leben informieren bis zum Wunsch neuen Leute kennen lernen zu wollen. Wie Sabina Misoch untersucht hat, probieren nur wenige Homepagedarsteller neue Rollen aus, zwischen 3 und 5 %.[118]

Die eigene Homepage bietet demnach die Möglichkeit, sich online zu präsentieren und auf die Reaktionen der Besucher zu warten. Sie gibt soziale Feedbacks durch Gästebü-cher, E-Mail-Kontakte oder Abstimmfragen. Hier wird eine neue Form der positiven Bestätigung ermöglicht, ein Phänomen, das von jungen Menschen auch bei anderen Formen der Internetnutzung gesucht wird.

Feedbacks und neue Kontakte erhalten die Jugendlichen zum Beispiel über Seiten wie www.dugg.de. Hier sammeln sie online, wie frühere Generationen in Freundschaftsbü-chern und Poesiealben, Einträge von Freunden. Die Jugendlichen laden per E-Mail ihre Freunde und Bekannten ein, sich als Freund der Person zu registrieren. Ähnliche neue Phänomene, die von Jugendlichen genutzt werden, sind die sogenannten Blogs, die Online-Tagebücher. Es scheint ein besonderer Reiz zu bestehen, die eigenen Ge-danken und Ängste einer breiten Öffentlichkeit preiszugeben. Als Beispiel mag der folgende Eintrag eines 15-jährigen Mädchens in einem Blog dienen.

---

[118] vgl. Misoch (2004): Identitäten im Internet, S. 141 ff.

Abbildung 9: Online-Tagebuch-Ausschnitt

Tagebucheintrag von EinNiemand [15 J.] vom 23.09.2006, 17:35 Uhr

so is das leben...
"Wenn du nicht heute dein zimmer piko bello aufräumst darfst du heute abend nicht weg".
das sagte meine mum heute mittag zu mir.....das habe ich auhc getan und sahs ganze 2 1/2
Stunden dran.Doch werde ich heute abend warscheinlich eh nicht weg gehen weil meine
sogenaten freunde sich nicht melden....sonst meckern sie immer herum ich soll mich doch
melden wenn ich was machen will und nicht zögern und auch nicht denken ich wäre nicht
erwünscht....gut das habe ich vor 1 stunde gemacht...und gestern auch schon einmal....und
ihc bekommen keine antwort....wer meldet sich hier nicht?!?!

Die Leere füllt mich aus bis zur seelischen Qual
Wachsende Dunkelheit anstatt Dämerung
ich war ich, aber jetzt ist sie gegangen.......

Ein Liedtext von Metallica der mir nicht mehr aus dem Sinn geht......ist es wirklich so?
Noch nicht...aber wenn es so weiter geht bestimmt.

Es tut weh wenn man weiß das der den man liebt nichts mit einem zu tun haben will
Es tut auch weh wenn man weiß das die eigenen freunde jetzt warscheinlich auf ihr handy
starren und sagen "oh nein die schon wieder,aber mann könnte sie ja trotzdem anrufen sie
hat ja ne shisha"

Aber ich lass mich jetzt nciht unterkriegen und mache weiter.........

   wie immer halt

Quelle: http://www.mytagebuch.de/profil.php?action=eintrag&id=14757&eid=207692 (Eingesehen
24/09/2006).

5.2.3 Schneller Kontakt oder Wie fremd ist mein Gegenüber eigentlich?

> *„Stell dir nur einmal vor, diese Menschen wuer-*
> *den sich am Telefon (oder gar bei einer richtigen*
> *Begegnung) so verhalten, wie sie es hier im In-*
> *ternet tun.* "[119]

Auf der einen Seite stehen die Darstellungen der eigenen Person, Online-Anerkennung
und das Rollenexperiment, auf der anderen Seite das Kennenlernen anderer Menschen.
Hier spielt nicht der erste visuelle körperbezogene Eindruck eine Rolle, sondern die
narrative Selbstpräsentation des Gegenübers. Einige Pärchen, die sich über das Netz
kennen gelernt haben, beschreiben, dass ihre Partner gar nicht ihrem Typen entspra-
chen. Aber der erste Online-Kontakt habe direkt ihre Stärken in den Vordergrund

---

[119] vgl. Döring (1999/2003): Sozialpsychologie des Internet, S. 391.

gestellt.[120] Hier zeigt sich, dass das Internet mit seiner Halbanonymität einen großen Vorteil gegenüber realen Kontakten besitzt. Ferner lässt sich aber auch beobachten, dass hier „schneller die Hüllen fallen": Je nach Chat finden unterschiedliche verbale Annäherungen der Gesprächpartner statt. In den Chats wird gekuschelt, geknuddelt und geküsst. Direkt wird ein Chatter vom anderen mal geknuddelt, umarmt oder bekommt beim ersten Eintreten in den Chatraum gleich mal einen Kuss auf die Wange. Die Grenzen der verbalen Stellvertreter, die hier im Chat durch Nicknamen dargestellt sind, sind weitaus geringer als bei einer realen Begegnung. Die schnelle verbale Nähe übt für einige Nutzer des Internets einen besonderen Reiz aus, andere erschreckt sie. Zweideutige Angebote und Einladungen in privatere Charträume sind nicht selten. Und so kommt es auch zum virtuellen Sex. Die Herausforderung hierbei besteht darin, sich seiner Grenzen, auch derer, die wir im Chat schnell überschreiten, bewusst zu sein. So beschreibt Turkle[121], dass auch hier Taten stattfinden, die gegen die Rechte einzelner Nutzer verstoßen. „Eines Tages erfuhr ich von einer virtuellen Vergewaltigung. Ein MUD-Spieler hatte seine Systemkenntnis dazu benutzt, sich der Figur eines anderen Spielers zu bemächtigen. So konnte der Aggressor die erbeutete Figur zu einem gewaltsamen Sexualakt zwingen. Er hat dies gegen den Willen und ungeachtet des energischen Protestes des Spielers <hinter> dieser Figur, des Spielers, dem diese Figur <gehörte> [getan]."[122] Turkle betont, dass: dies sei nicht zu bagatellisieren und nicht deshalb zu entwerten sei, da die reine Tat ausschließlich verbal geschehen sei. Nach Turkle sind in einer Welt, die aus geschriebenen Wörtern besteht, Wörter Taten. Ein anderes negatives Beispiel, dafür, was unter dem Schutz der Anonymität passieren kann, ist die in Enda Walshs Theaterstück „Der Chatroom" beschriebene Aktion, bei der Jugendliche einen depressiven Jungen in den Selbstmord treiben wollen. Die Menschlichkeit eines anderen zu ignorieren ist einfacher, wenn wir ihn nur aus geschriebenen Worten kennen.[123] Wir können uns im Chatraum nicht sicher sein, dass der uns Präsentierte der ist, für den er sich ausgibt. So wie der einzelne Chatter im Chat die Chance hat, unterschiedliche Rollen auszuprobieren, kann auch sein Gegenüber sich in anderen Fiktionen versuchen. Die Gefahr besteht demnach darin die Offenheit des Internets auszunutzen oder umgekehrt ihr zu erliegen. So wird es dann gefährlich,

---

[120] vgl. Döring (1999/2003): Sozialpsychologie des Internet, S. 390.

[121] vgl. Turkle (1999): Leben im Netz, S. 19.

[122] Turkle (1999): Leben im Netz, S. 19.

[123] vgl. Programmheft des DAS DA Theater (2006): „Der Chatroom" von Enda Walsh Spielzeit Februar.

wenn lebensbedrohliche Taten, die im Internet ihren Ursprung haben, in die Realität übertragen werden.

5.3 Kompensation durch Computerspiel und Internet

Die virtuellen Welten des Computerspiels und des Internets üben einige Gefahren, aus auf die an anderer Stelle gezielter eingegangen werden soll. Sie mögen aber auch für die heranwachsende Gesellschaft hilfreich sein und Kompensationsmöglichkeiten bieten. Im Folgenden werden einige Herangehensweisen, die positive Einflüsse auf die Entwicklung von Jugendlichen haben können, beschrieben.

5.3.1 Verarbeitung im Spiel

Zur Erklärung der folgenden Theorie ist ein Ausflug in die Spielpädagogik und in die Spieltherapie nötig. Die Spielpädagogik befasst sich vornehmlich mit der Altersgruppe der Kinder von 0 bis ca. 12 Jahren, da sie in dieser Altersphase die unterschiedlichen Spielformen (Funktions-, Konstruktions-, Soziales- und Regelspiel) entwickeln. Fritz findet hierzu Parallelen in den einzelnen Computerspielen.[124] Das Soziale Spiel findet sich zum Beispiel in vielen der Rollenspiele wieder. „World of Warcraft" und „Die Sims" sind Spiele, in denen der Spieler ebenfalls mit Hilfe eines Protagonisten in unterschiedliche Rollen schlüpft. Konstruktionsspiele sind beispielsweise die vielen Simulationsspiele, in denen Städte, Freizeitparks oder Ferienparks aufgebaut werden müssen. Montada & Oerter beschreiben die unterschiedlichen Funktionskreisläufe des Spiels für das Kind: Das kindliche Spiel pendelt zwischen hoher Anspannung und Entspannung im sogenannten Aktivierungszirkel hin und her. Innerhalb des Spiels tauscht sich das Kind mit seiner Umwelt aus. Es bewältigt spezifische Probleme und entwicklungs- und beziehungstypische Thematiken. Aus den letzten beiden Punkten ergibt sich, dass ein Spiel nicht immer Spaß für ein Kind bedeutet.[125] „Jedes Kind hat frühzeitig Erfahrungen, die es nicht einordnen kann, die unangenehm sind und mit denen es nicht zurechtkommt. Solche Erfahrungen können im Spiel weiterverarbeitet

---

[124] vgl. Fritz (Hrsg.) (1995): Warum Computerspiele faszinieren, S. 36.

[125] vgl. Montada & Oerter (2002): Entwicklungspsychologie, S. 231 ff.

und bewältigt werden."[126] Nach einem längeren Krankenhausaufenthalt spielt das Kind zum Beispiel immer wieder die erlebten Ereignisse mit Stofftieren und Puppen nach. Montada & Oerter stellen heraus, dass die Kinder spezielle Entwicklungsthematiken wie Macht und Herrschaft, das Herausbilden des eigenen Selbst oder direkte Beziehungsthematiken, wie die Abwesenheit des Vaters, nachspielen können. Somit kann die fehlende Bedürfniserfüllung im Spiel kompensiert werden: Das ständig gehänselte Kind, findet im Spiel neue Freunde, bei dem Wunsch nach Verständnis der Eltern für eine schlechte Note spielt das Mädchen mit ihren Barbiepuppen die in der Realität erlebte Bestrafungssituation in anderen Variationen nach. Sabine Weinberger beruft sich auf Mogel und betont: Die Kinder setzen sich im Spiel fortwährend mit sich selbst und ihrer Außenwelt auseinander. Die beiden Vorgänge, die inneren, die das Selbst des Kindes betreffen, und auch die äußeren Vorgänge, welche die Umwelt betreffen, erleben durch die spielerische Gestaltung eine Veränderung und Weiterentwicklung. Die Autorin erklärt damit, dass im Spiel eine ständige Identitätsentwicklung stattfindet. Gleichzeitig wirkt das Kind auf seine Umwelt verändernd ein.[127]

Die in der Theorie beschriebene Spielentwicklung des Kindes lässt sich auf die Spiele der Jugendlichen und Erwachsenen übertragen. Dabei stellt sich folgendes Problem: Ein Kind hat offiziell die Phase des kindlichen Spiels zu verlassen und sollte in die „harte", realistische Welt der Arbeit eintreten. Doch verschwindet das Spiel nicht aus dem Leben des Erwachsenen, es verwandelt sich vielmehr in eine, in der Erwachsenwelt verträgliche Form: Regelspiele finden sich zum Beispiel in Fußballspiel, Autorennen und anderen Wettkämpfen wieder. Erwachsene spielen Gesellschaftsspiele oder Glücksspiele, sie bauen und konstruieren ihren Garten und die Wohnung. Soziale Spiele finden sich in den Erwachsen-Rollenspielen, beim Schlüpfen in andere Rollen zu Karneval oder in Theaterworkshops wieder. Hier schlagen die Möglichkeiten der vielen Computerspiele eine große Brücke. So ermöglichen sie viele Spiele des Kindes, ohne dass sie mit Symbolen der Kindheit wie Babiepuppen, Autos oder Aktionsfiguren behaftet sind. Jugendliche befinden sich in der Übergangsphase von der Kindheit zum Erwachsenen. Zum Erwachsenwerden gehört es, kindliche Spielformen sozialisationsbedingt abtrainiert zu bekommen. Wie im dritten Kapitel beschrieben, erreichen die

---

[126] Montada & Oerter (2002): Entwicklungspsychologie, S. 233.

[127] vgl. Weinberger (2005): Kinder spielend helfen, S. 76 f.

meisten Jugendlichen erst später als frühere Generationen die Statussymbole der Erwachsenenwelt. Sie treten heute erst viel später in das Arbeitsleben ein und gründen damit auch später Familien als ihre Eltern und Großeltern. Die Jugendphase ist gekennzeichnet durch aus Orientierungslosigkeit und erste Zukunftsüberlegungen. Jugendliche probieren sich in verschiedenen Rollen aus, um Orientierung für ihre Zukunftsplanung zu finden. Die im kindlichen Spiel gewonnenen Kompensationen sind gesellschaftlich nicht mehr verträglich. Doch durch die Computerspiele besteht die Möglichkeit, die Bedürfnisse der Jugendlichen zu befriedigen.

In der Inhaltsanalyse und Auswertung der Befragung zum Spiel „Die Sims" schildern die Autoren Witting, Kraam-Aulenbach und Shahieda verschiedene Bezüge der Probanden zur ihrer realen Welt.

So beschreibt eine der Versuchspersonen, sie fühle sich durch das Spiel auf das zukünftige Leben vorbereitet. Sie beschreibt, dass sie sich denkt „[...],,Wie werden mal meine Kinder heißen? Wie werden sie aussehen? Vielleicht sogar wie die bei den Sims!" und dass man dann sogar die Namen, die man sehr gut findet, denen im Spiel dann auch gibt [...] ich gebe mir dann auch Mühe, dass das alles so ganz schön wird und so."[128]

Ein Proband beschreibt, er habe im Spiel die gemeinsame Zukunft mit der Partnerin in einer virtuellen Wohngemeinschaft ausprobiert. Das Spiel ermöglicht das Ausprobieren versteckter Wünsche und die Befriedigung unerfüllter Bedürfnisse. Die Autoren der Untersuchung bringen es folgendermaßen auf den Punkt: „Für die meisten soll das Spiel mit der eigenen Identität und der von Freunden und Bekannten in erster Line Spaß bringen – eine Flucht aus dem Alltag, indem man virtuellen Alltag erzeugt. Dieser virtuelle Alltag ist deshalb lustiger als der reale, weil die Spieler hier Dinge ausprobieren und tun können, ohne mit den eventuell negativen Konsequenzen oder moralischen Einwänden anderer leben zu müssen."[129] Gleiches lässt sich für die Fantasiespiele der Kinder mit ihren Puppen, Autos und Playmobilfiguren sagen.

Im Folgenden wird ein weiteres großes Bedürfnis der Menschen nach Macht, Anerkennung und Erfolg unter dem Kompensationsmöglichkeiten des Computerspiels untersucht.

---

[128] Witting, Kraam-Aulenbach & Shahieda: Inhaltsanalyse und Auswertung der Befragung zum Spiel „Die Sims", S. 13.

[129] Witting, Kraam-Aulenbach & Shahieda: Inhaltsanalyse und Auswertung der Befragung zum Spiel „Die Sims", S. 14.

5.3.2 Wenig Erfolge im Alltag, schnelle Erfolge im Computerspiel

> *„Im Februar, ich weiß nicht am wievielten, ge-*
> *schah's auf irgend eines Jungen Drängen,*
> *daß Kinder, die im Hinterhof spielten, beschlos-*
> *sen, Naumanns Fritzchen aufzuhängen.*
>
> *Sie kannten aus der Zeitung die Geschichten,*
> *in denen Mord vorkommt und Polizei.*
> *Und sie beschlossen, Neumann hinzurichten,*
> *weil er, so sagten sie, ein Räuber sei.[...] "*
>
> *(Erich Kästner)*

Zum Thema Computerspiel und ihre Gefahren gibt es unzählige Veröffentlichungen, die zum Teil positive zum Teil negative Auswirkungen beschreiben. Beispielhaft werden die Computerspiele mit hohen Folgeproblemen für die Gesellschaft behaftet. Im Folgenden soll ein möglichst objektives Bild der unterschiedlichen Meinungen, begleitet von den Untersuchungen der einzelnen Stellvertreter, entstehen.

Zunächst soll noch einmal die Lebenssituation der Jugendlichen betrachtet werden: Die Verlängerung der Ausbildungszeiten lässt Jugendliche länger in der finanziellen Abhängigkeit der Erziehungspersonen stehen. Wer die Anforderungen der Schule und des Berufslebens nicht erfüllt, verfällt in einen Demotivationskreislauf aus Misserfolgserlebnissen und fehlendem Selbstvertrauen. Die Erwartungen der Eltern sind hoch, die Jugendlichen müssen sich oft auf das Wesentliche konzentrieren um einige Erfolge zu erreichen.[130] Das heißt: Abhängigkeit, Demotivation, Erwartungsdruck prägen die Jugendzeit und bedürfen der Kompensation.

Das Computerspiel allgemein bietet schnelle Erfolgserlebnisse. Demnach hängt die Motivation, die ein Spiel beim ersten Spielen auf den Spieler ausübt, hauptsächlich von den zügig erreichten Erfolgen ab. Die Experimente mit Studenten von

---

[130] vgl. Kapitel **3**.

Misek-Schneider & Fritz[131] belegen, dass die Teilnehmer Spiele, bei denen sie Schwierigkeiten haben, die Funktionen zu beherrschen, eher ablehnen. Es entsteht ein Kontrollverlust und kein Erfolg. Bei einem zuvor gespielten Spiel verliert sich die Spielmotivation, wenn es über einen längeren Zeitraum zu keinen Erfolgserlebnissen kommt. So äußert es einer der befragten Studenten „Wenn ich z.B. kaum Erfolgserlebnisse hab, wenn's irgendwann nicht mehr weitergeht, dann merke ich, wie ich keine Lust an dem Spiel hab, wie mein Interesse sinkt."[132] Anders ausgedrückt sind also Computerspiele interessant, die schnelle Erfolgserlebnisse bieten. Darin sehen einige Forscher ein Problem. So warnt der Neurobiologe Henning Scheich „Informationen, die Kinder beim nachmittäglichen Computerspielen aufnähmen, überlagerten im Gehirn den vormittags vermittelten Lernstoff. Das müsse sich langfristig negativ auf die Schulleistung auswirken."[133] Scheichs Theorie besagt, dass bei: Bei den schnellen Erfolgserlebnissen beim Computerspiel bestimmte Neurotransmitter, das sogenannte Dopamin, ausgeschüttet werden. Dies ermöglicht wiederum ein bevorzugtes Abspeichern der gesammelten Erfahrungen im Gehirn. Der biochemische Prozess des Abspeicherns von Langzeiterlebnissen kann bis zu 24 Stunden benötigen. Demnach verhindern die schnellen Erfolge das Behalten von Langzeitereignissen, also zum Beispiel das am Vormittag gelernte Schulwissen.[134] Allerdings verweist Christian Stöcker in seinem Artikel auf einige weitere Forschungen, die belegen, dass Computerspiele Aufmerksamkeit und Vorstellungskraft verbessern. So haben zum Beispiel die Forschungen von Shawn Green gezeigt, dass erfahrene Computerspieler in Aufgaben, in denen es um kontrollierte Aufmerksamkeit geht und darum, sich einen schnellen Überblick anzuzeigen, besser abschneiden als Nichtspieler.[135] Also besteht in der Wissenschaft ein noch andauernder Streit über den negativen wie positiven Einfluss von Computerspielen. Grundsätzlich kann also gesagt werden, dass Computerspiele nicht nur positive oder nur negative Effekte haben.

Christian Büttner schließt sich in „Vom Verhältnis von phantasierter zur realen Gewalt" an die im vorigen Kapitel dargelegte These zum Zusammenhang von

---

[131] vgl. Misek-Schneider & Fritz (1995): StudentInnen im Sog der Computerspiele, S. 53 ff.

[132] Misek-Schneider & Fritz (1995): StudentInnen im Sog der Computerspiele, S. 47.

[133] Stöcker (2004): Gehirntraining mit dem Shooter,
http://www.spiegel.de/wissenschaft/mensch/0,1518,333935,00.htm (Eingesehen 01/08/2006).

[134] vgl. Hollbach (2006): Computerfreak und Schulversager, S.3 ff.

[135] vgl. Stöcker (2004): Gehirntraining mit dem Shooter,
http://www.spiegel.de/wissenschaft/mensch/0,1518,333935,00.htm (Eingesehen 01/08/2006).

Computerspielen und Spielentwicklung an. Er argumentiert jedoch nicht auf der Basis der Spieltheorie, sondern (tiefen-)psychologisch: Wunscherfüllung findet seiner Ansicht nach in der Fantasie (zum Beispiel in Form von Tagträumen) oder unbewusst in Träumen statt.[136]

Das kindliche Spiel entwickelt sich aus Vorstellungskraft und Fantasie. Umgekehrt erweitern die Spielerfahrungen diese beiden Fähigkeiten.[137] Bei der Verarbeitung der Wünsche durch Erdachtes und Tagträume handelt es sich um eine gesellschaftlich verträgliche Form, fernab von kindlichen Symbolen (dem Kinderspielzeug). Dies ist vergleichbar mit den oben beschriebenen Ausführungen zum Computerspiel.

Die ersten wissenschaftlichen Auseinandersetzungen mit dem Unbewussten und unseren Träumen stammen von Sigmund Freud (1856–1939)[138]. Nach seiner Theorie konfrontieren unsere Träume uns mit unseren unerfüllten Bedürfnissen und machen uns auf unsere unbearbeiteten Ängste aufmerksam. Unsere Fantasie ermöglicht uns Wunscherfüllung und damit die aktive Verdrängung von unangenehmen Realitäten. Nachdem ein junges Mädchen zum Beispiel von ihrem ersten Freund verlassen wurde, tagträumt es von dem Kennenlernen eines neuen Jungen. Büttner beschreibt unsere Fantasie als „[…] Ventil für gefährliche Wünsche[…]",[139] es befreit aus einer psychischen Spannung. Als Problem beschreibt Büttner, wenn die Verdrängung zur Verführung wird. [140] Dies bedeutet das Gleichgewicht zwischen Fantasie und Realität wird gestört. Der Einzelne – ohne es selbst zu merken – zieht sich vollständig in seine Fantasiewelt zurück oder er verspürt das ständige Bedürfnis, verschiedene Fantasiestrukturen zwanghaft zu wiederholen. Als Beispiel kann hier die Spielsucht genannt werden.

In den Fantasien können Ängste vor Angriffen bestehen oder sie beinhalten die Aggression, selbst unterdrücken und beherrschen zu wollen. Bezogen zum Beispiel auf die Gruppenfantasie des Nationalsozialismus, zeigt sich, dass Fantasien unter bestimmten Bedingungen zur Realität werden können. In der Zeit der Schreckensherrschaft der Nationalsozialismen wurde in der gesamten Bevölkerung ein Fantasiefeindbild entworfen. So wurde durch die Propaganda, eine feindliche Fantasie gegen die Juden und für

---

[136] vgl. Büttner: Verhältnis von phantasierter zur realen Gewalt, http://snp.bpb.de (Eingesehen 31.08.2006).

[137] vgl. Schenk-Danzinger (2001): Entwicklungspsychologie, S. 185; Montada & Oerter [Herg.] (2002): Entwicklungspsychologie, S. 221 ff.

[138] Hobmair (1996): Pädagogik, S. 105 f.

[139] Büttner: Verhältnis von phantasierter zur realen Gewalt, http://snp.bpb.de (Eingesehen 31.08.2006).

[140] vgl. Büttner: Verhältnis von phantasierter zur realen Gewalt, http://snp.bpb.de (Eingesehen 31.08.2006).

ein arisches Reich entwickelt. Diese von der damaligen Politik vermarkteten Feindbilder wurden zu Gruppenfantasien ohne reale Bestätigung. Aus ihnen folgten reale Handlungen.

Ein jedes Kind und jeder Jugendliche erlebt Gewalt, Macht und Herrschaft von Seiten der Eltern, Erzieher, Lehrer und der Politik. Sie dienen dem Schutz der jungen Menschen (Verbote in der Erziehung), aber auch zur Bestätigung der Machtinhaber. Ihre eigene Ohnmacht und die daraus entstehende Wut können die Kinder oder Jugendlichen meist nicht gegen den Verursacher richten. Büttner beschreibt es so: „Auch wenn Erziehungsmaßnahmen von Elternseite als nicht gewaltsam intendiert sein mögen, mag sie das Kind dennoch als gewaltsam empfinden und in beschriebener Weise die widerstrebenden Impulse in Phantasie und Spiel ausleben."[141] Die Frage, die in diesem Zusammenhang aufkommt, ist, wandelt sich diese gespielte Gewalt in reale Gewalt um? Verliert der Computerspieler die Hemmschwelle, im Spiel ausgeführte Gewalt auch an Menschen auszuprobieren? Tanja Witting und Heike Esser befassen sich eingehend mit den Transferprozessen von Computerspielen. Sie bringen reale Gewalttaten, wie den Vorfall am 20.April 1999 in der Highschool in Littleton, bei dem zwölf Schüler und ein Lehrer von zwei Mitschülern ermordet wurden, in Verbindung mit Ego-Shooter-Spielen. In diesen Spielen, werden keine Protagonisten durch das Spiel bewegt, „[…] sondern durch die Perspektive einer subjektiven Kamera erhält [...] [der Spieler] den Eindruck, dass er selber es ist, der in dieser virtuellen Welt agiert."[142] Von der virtuellen Spielfigur sieht er meist nur eine Hand und seine Waffe. Die Handlungen der beiden amerikanischen Schüler erinnern an die Spielszenarien der nach Pressemitteilungen von beiden Tätern häufig gespielten Computerspiele. Die gesammelten Spielerfahrungen wurden in reale Handlungen transferiert. Witting und Esser betonen allerdings, die im Spiel erworbenen Handlungsmuster seien für die Strukturierung des Ablaufs der Tat, aber nicht für deren Motiv verantwortlich. Demnach muss der Täter den aktiven Willen haben, jemanden zu töten, dessen Auslöser sind nicht im Computerspiel, sondern in der Psyche und dem sozialen Umfeld zu suchen.[143] Auch Büttner weist nachdrücklich darauf hin, dass für negative Konsequenzen von Computerspielen verschiedene Faktoren notwendig sind. Es stellen sich Fragen wie: In

---

[141] Büttner: Verhältnis von phantasierter zur realen Gewalt, http://snp.bpb.de (Eingesehen 31.08.2006).

[142] Witting & Esser (2002): Was Computerspieler wahrnehmen und wie sie damit umgehen, S. 107.

[143] vgl. Witting & Esser (2002): Was Computerspieler wahrnehmen und wie sie damit umgehen, S. 107 ff.

welchem sozialen Netz ist der Computerspieler eingebunden? Welche gewalttätigen Handlungen sind in der Kultur in welcher Form gesellschaftlich akzeptiert? Boxer zum Beispiel verletzen sich absichtlich so lange, bis einer der beiden Teilnehmer k. o. ausscheidet, oder Staaten im Krieg ermorden Zivilisten nur zur Demonstration ihrer Macht. Welche weiteren Formen der Kompensation von Ängsten, unangenehmen Erfahrungen, Aggressionen und körperlicher Angespanntheit besitzen die Computerspieler? Treiben sie Sport? Kommen sie mit Freunden, Verwandten in kommunikativen Austausch über Probleme? In welchem Umfang nutzt der Spieler den Computer?

Witting & Esser zeigen auf, dass bei den Attentätern von Littleton psychische Probleme zusätzlich zu dem exzessiven Computergebrauch bekannt waren. Sie fielen schon bereits vor dem Schulmassaker durch „zahlreiche menschenverachtende Äußerungen und Handlungen auf"[144]. Festzuhalten ist, dass erfahrene Erlebnisse aus der virtuellen Welt in unsere Realität übertragen werden können. Die beiden Autorinnen geben weitere Beispiele: So berichteten Erwachsene Rennsimulationsspieler, dass sie die Fahrweise im Computerspiel auch auf der Kartbahn oder im eigenen Auto, unter vorherigem Abwägen möglicher Gefahren, auszuprobieren.[145] Bei den Lernspielen, in denen Kinder ihre Mathematik- oder Englischkenntnisse verbessern sollen, erwarten Eltern und Pädagogen von ihnen die Transferleistung. Im Spiel gemachte Erfahrungen sollen sie auf ihre Aufgaben in der Schule übertragen. Dies greift Bergmann in seinem Artikel „Was der Computer Gutes tut" auf. Er beschreibt lernbehinderte oder verhaltensauffällige Kinder/Jugendliche, die im Spiel zum ersten Mal selbst Verantwortung übernehmen müssen. Im Computerspiel unterliegen sie nicht den internalisierten Erwartungen der Eltern und Pädagogen. Diese nehmen ihnen im alltäglichen Leben schnell die Entscheidung ab, da sie ihnen diese nicht zutrauen. Der Computer hält in dem Sinne die Fehlentscheidungen des Kindes geduldig aus und setzt klare Konsequenzen hinterher, hier heißt es zum Beispiel: „Du bist den falschen Weg gegangen, deine Spielfigur hat die ihr gestellte Aufgabe nicht erfüllen können, du musst von neuem beginnen." Demnach ermutigen Computerspiele entmutigte Kinder, sich selbst auszuprobieren, eigene Entscheidungen zu treffen. Dadurch wird ihre eigene Persönlichkeitsentwicklung im Hinblick auf Verantwortungsbewusstsein und

---

[144] Witting & Esser (2002): Was Computerspieler wahrnehmen und wie sie damit umgehen, S. 109.

[145] vgl. Witting & Esser (2002): Was Computerspieler wahrnehmen und wie sie damit umgehen, S. 104 ff.

Ambiguitätstoleranz gefördert, also die Fähigkeit die Ungewissheit auszuhalten, ob die Entscheidung richtig gewesen ist.[146]

Computerspiele können demnach entwicklungsbedingt Jugendliche unterstützen. Sie ermöglichen Kompensation von fehlender Bedürfniserfüllung, bieten schnelle Erfolgserlebnisse und Transfermöglichkeiten in das reale Leben. Die Identitätsentwicklung kann so positiv unterstützt werden. Die Spiele stärken zum Beispiel das Selbstwertgefühl durch Erfolg. Vielleicht lässt sich im Zusammenhang mit dem erreichten Erfolg auch ein Flow (siehe Kapitel **3.4.2**) herstellen. Der Spieler erreicht durch den im Computerspiel erlangten Gewinn ein großes Glückserlebnis. Auch ist es möglich, dass sie die jugendlichen Spieler sozialen Kontakten befreiter agieren können, da ihre aufgestauten Aggressionen und negativen Machterfahrungen im Spiel verarbeitet werden konnten. Dies ermöglicht wiederum eine leichtere Entwicklung im sozialen Umfeld.

5.3.3 Der Chatroom als Kontaktraum für die Jugendlichen

Das Internet bietet einen neuen Raum des zwanglosen Austausches. Dieser neue Raum kompensiert den Wandel der öffentlichen Räume in der heutigen Gesellschaft, in der private Kontakte mit Hektik im Alltag gekoppelt sind. Es entstehen öffentliche, Marktplätze, die sich in der Bequemlichkeit der Bewegungslosigkeit von zu Hause aus besuchen lassen.[147] Die Individualisierung des Menschen und das Selbsterfüllungsbedürfnis setzen das einzelne Individuum dauerhaft unter den Druck sein Leben mit einem „Sinn" zu füllen.[148] Beck verweist auf das Bedürfnis des einzelnen Menschen, sein Leben an Selbsterfüllung auszurichten, was wiederum zu einem ständigen Wandlungsbedürfnis der einzelnen Menschen führt. Ständig ist das Individuum auf der Suche nach seinem eigenen Glück und stellt daher seine momentane Lebenssituation immer wieder auf dem Prüfstand.[149] Zusätzlich sind durch die Individualisierung und die vielen Wahlbiographien unzählige Interessengruppen entstanden. Freunde mit denselben Interessen finden sich nicht immer in den gleichen Wohngebieten. Demnach bieten der Chatroom und das Internet den Jugendlichen neue Möglichkeiten in Zeiten

---

[146] vgl. Bergmann (2001): Was der Computer Gutes tut, S. 181 ff.

[147] vgl. Willand (2002): Chatroom statt Marktplatz, S. 13 ff; Virilio Paul (2002): Rasender Stillstand.

[148] vgl. Beck (1986): Risikogesellschaft, S.156; Keupp (2002): Identitätskonstruktionen, S. 52.

[149] vgl. Beck (1986): Risikogesellschaft, S.156.

gefüllter Terminkalender schnell und einfach Gleichgesinnte zu treffen. Willand berichtet eingehend über die Veränderung der öffentlichen Plätze, die im 18. Jahrhundert noch zum Austausch mit dem Fremden genutzt wurden und heute nur noch dem schnellen Erreichen eines anderen Ortes dienen.[150] Kontakte zu Fremden lassen sich im Internet schnell und einfach herstellen. In einem Chat kann an einem Abend über Belanglosigkeiten des Alltags mit vielen fremden Personen gesprochen werden.

Computernutzung gehört heute zum Alltag vieler Jugendlicher. So lässt sich die Fähigkeit der Beherrschung des Computers als vierte Kulturtechnik neben dem Schreiben, Rechnen und Lesen sehen. Mit dem Computer umzugehen gehört zum alltäglichen Werkzeug und einige Kontaktformen laufen heute nur über den Computer ab. Wer dort dazugehören möchte, benötigt das Internet. So sind einige Stellenausschreibungen nur hier und nicht mehr in anderen Medien zu finden, und wer heute keine E-Mail-Adresse vorweisen kann, kann nicht an Klassenrundmails teilnehmen oder erfährt nichts von der angesagten Party.

Ilka Willand beschreibt einen weiteren Aspekt: Die Teilnehmer ihrer Studie favorisierten die Vorteile des Sich-nicht-Kennens. Dies ermöglicht ihnen eine unvoreingenommene Antwort auf gestellte Fragen zu bekommen. Sie beschreiben, dass die Ratschläge der anderen Chatter, welche die Person nicht aus dem realen Leben kennen, frei von emotionalen Inhalten sind. Diese Ratschläge geben mehr Raum für eigene Interpretationen.[151] Für die ständige Weiterentwicklung, der eigenen Identität und besonders für die Ausprägung der eigenen Persönlichkeit im Jugendalter sind soziale Kontakte[152] und besonders auch neue Kontakte notwendig. Erst neue Kontakte ermöglichen eine Weiterentwickelung da sie uns mit unbekannten Ideen konfrontieren.

Der Stand der heutigen Forschung gibt wenig Auskunft über das tatsächliche Verhalten der Jugendlichen im Internet. Die ARD-Studie und die JIM-Studie geben zwar Auskunft über die Zahl der jungendlichen Internetsurfer, machen aber keine genauen Angaben über die Nutzungsformen. So lässt sich hier nicht feststellen, inwieweit Jugendliche den Chatroom hauptsächlich für neue oder alte Kontakte nutzen, wie viele Jugendliche die neuen Kontakte nur auf das Netz beschränken oder inwieweit sie auch

---

[150] vgl. Willand (2002): Chatroom statt Marktplatz, S. 13 ff.

[151] vgl. Willand (2002): Chatroom statt Marktplatz, S. 53 f.

[152] vgl. Die Grundlagentheorie der Erziehungswissenschaften, die den Menschen als soziales Wesen sieht zum Beispiel in Hobmair (1996): Pädagogik, S. 40 ff.

in das Alltagsleben der Realität übernommen werden. Auch über die Faszinations-schwerpunkte gibt es wenig aussagekräftige Studien. Claudia Orthmann beschreibt in ihrer Dissertation zwei verschiedene Interessensschwerpunkte der Jugendlichen im Chat: Flirten und Provokation. Sie provoziere, also um ihre Grenzen zu testen.

Zum Flirten bietet den jungen Chattern der Chatroom die Möglichkeit, sich mit dem anderen Geschlecht auseinanderzusetzen.[153] Hier wird eine Entwicklungsaufgabe des Jugendalters (siehe Kapitel **2**) direkt bearbeitet. Provokationen laufen nach Orthmann vornehmlich über vulgäre Ausdrücke der Jugendlichen im Chat, wie das folgende Bei-spiel illustriert.

Abbildung 10: Chat-Ausschnitt

Alien2000 (Thu 16:37): du schweineprister
Alien2000 (Thu 16:37): DU STINKER
Maverrick (Thu 16:37): selber
Alien2000 (Thu 16:37): KOMMST AUS DER MÜLLTONNE
Alien2000 (Thu 16:38): DU CHATBASILLE
Maverrick (Thu 16 :38): na und du nicht oder was deine ganze sippe kommt aus der Mülltonne

Quelle: Orthmann: Strukturen der Chat-Kommunikation. S. 9.

„Ob das Fluchen nun im allgemeinen dazu dient, das psychophysiologische Gleichge-wicht zu bewahren, es einen kathartischen Effekt besitzt oder pathologische Persön-lichkeitsmerkmale offenbart, bleibt abzuwarten. Für Jugendliche ist das Schimpfen in Chat-Räumen ein idealer Bereich, in dem sie Kreativität üben können und gleichzeitig ihre Wirkung testen können."[154] Demnach geht auch Orthmann davon aus, dass die Chatrooms den Jugendlichen positive Kompensation ermöglichen. Der Chat bietet in der heutigen Gesellschaft einen Kontaktraum für Jugendliche, in dem sie sich auspro-bieren können. Sie können sich hier einmal in einer anderen Rolle, zum Beispiel statt als Hauptschüler als junger, erfolgreicher Verkäufer, in einem anderen Geschlecht oder mit anderen Persönlichkeitsmerkmalen ausleben.

---

[153] vgl. Orthmann Claudia: Strukturen der Chat-Kommunikation, S. 7.

[154] Orthmann: Strukturen der Chat-Kommunikation, S. 10, sie bezieht sich auf Schlobinski.

5.4 Zusammenfassung

„Man muß wahrscheinlich immer auf den Einzelfall schauen, um die Wirkungszusammenhänge der verschiedenen Aspekte richtig beurteilen zu können."[155] Insgesamt lassen sich einzelne Transferleistungen der Spieler und Chatter beobachten, das heißt, Erfahrungen aus dem Computerspiel können sich auf die Identitäten der Jugendlichen übertragen. Ausgehend von der Rollentheorie und von der Patchworkidentität ergeben sich folgende Resultate: Die Rollenspieler im Computerspiel und im Internet leben neue Rollen aus. Das bedeutet, dass auch ein nicht der sonstigen Rolle entsprechend dargestellter Charakter einen Teil der Persönlichkeit darstellt. In der Wunschrolle spiegelt sich demnach eine zukünftige oder eine im Inneren versteckte Person wider, die wir als Aspekt der realen Person ansehen müssen. Sie ist die Rolle des Spielers/Chatters in dem Spiel beziehungsweise im Chatraum. Die Nutzung dieser Rolle in der medialen Welt kann andere Rollen des Jugendlichen entlasten. Unerfüllte Fantasien können in der virtuellen Realität ausgelebt werden. Pädagogisch diskutierte Gefahren bestehen, wenn die mediale Erlebniswelt die realen Handlungen in einer gesellschaftlich unverträglichen Weise überlagern, der Jugendliche sich in die virtuelle Welt zurückzieht oder zum Beispiel Kampfhandlungen aus dem Spiel an anderen Menschen ausprobiert. Hier müssen die Fragen des gesellschaftlichen Umgangs weiterhin diskutiert werden.

---

[155] vgl. Büttner: Verhältnis von phantasierter zur realen Gewalt, http://snp.bpb.de (Eingesehen 31.08.2006).

6 Pädagogische Bedeutung

Abschließend werden die Erkenntnisse unter dem Aspekt der Gefahren für die Identitätsentwicklung betrachtet und pädagogische Schlussfolgerungen gezogen. Hier sollen die Möglichkeiten und die Gefahren der Computernutzung zusammengefasst und untersucht werden. Gefahren wie der Verlust der Realität oder der eigenen Identität, Suchterscheinungen, der Verlust der Körperlichkeit und die Bedrohung durch pädophile Chatter im Internet werden in diesem Kapitel angesprochen. Darauf folgen verschiedene pädagogische Möglichkeiten zum sinnvollen Einsatz von Computerspielen bzw. sinnvolle Verhaltensweisen im Umgang mit diesen Spielen. Diese Diskussion richtet sich an drei Zielgruppen: die Pädagogen, die Eltern und die jugendlichen Nutzer selbst. Bei der pädagogischen Betrachtung werden die Interessen von allen Beteiligten mit einfließen: Pädagogischen Kräften in Kitas, Jugendtagesstätten, Grundschulen und weiterführenden Schulen sind die Erlebniswelten Internet und Computerspiele nahezubringen. So können mit ihnen zielgruppengerechte pädagogische Einsatzmöglichkeiten erforscht werden. Besondere Beachtung gilt dabei den identitätsbeeinflussenden Möglichkeiten des Mediums.

Wie für die Pädagogen, so gilt es auch, den Eltern die virtuellen Welten, unter Berücksichtigung des jeweiligen Alters des Kindes, näherzubringen. Ihnen fällt zusätzlich die Aufgabe der Beaufsichtigung und der Anleitung zur adäquaten und sicheren Nutung des Computers im Alltag ihrer Kinder zu. Bei den Jugendlichen selbst ergeben sich unterschiedliche Zielsetzungen, die wiederum von Pädagogen unterstützend begleitet werden sollten: Unerfahrenen Jugendlichen sollte ein Erstkontakt ermöglicht werden, was zum Beispiel über ein Seminar wie: „Wir gestalten unsere eigene Homepage" erfolgen kann. Währenddessen kann mit erfahreneren Jugendlichen eine gezielte und wissenserweiternde Nutzung der erwähnten Medien stattfinden. Natürlich muss auch eine zu extensive Nutzung bei jungen Menschen erkannt werden, um mit ihnen an Rückwegen in die reale Welt zu arbeiten.

6.1 Möglichkeiten der virtuellen Welt in Bezug auf die Identitätsentwicklung

In verschiedenen Bildungsmaßnahmen arbeiten unterschiedliche Pädagogen an identitätsfördernden Angeboten für Jugendliche. Orientierungstage, die von verschiedenen Trägern für die älteren Schuljahrgänge angeboten werden, sind nur ein Beispiel. Diese Angebote geben den Jugendlichen die Möglichkeit, sich mit ihrer eigenen Wahrnehmung sowie der Fremdwahrnehmung auseinanderzusetzen und Zukunftspläne zu entwickeln. Des Weiteren gibt es ihnen die Möglichkeit, sich mit ihrer Geschlechter- und Berufsrolle auseinanderzusetzen. Eine neue Errungenschaft wäre es, das in unserer Gesellschaft immer mehr an Bedeutung zunehmende Medium Computer hierzu gezielt einzusetzen. Unterschiedliche Autoren weisen auf die allgemeinen Bildungsmöglichkeiten des Mediums hin. Leider liegen hierzu nur wenige in Forschungen bewiesene Ergebnisse vor. Vermutet wird, zum Beispiel von Koch-Möhr, dass mit dem Spiel Tetris die geometrische Form-Lage-Wahrnehmung geschult wird. Der Autor empfiehlt des Weiteren aggressivgehemmten Jugendlichen das Spiel Moorhuhn, bei dem auf dem Bildschirm vorbeifliegende Moorhühner abgeschossen werden müssen. In den Beratungsstätten wird den Eltern empfohlen, ihre Kinder zu einem Judo-Kurs zu schicken. Dazu könnte das Spiel eine Alternative darstellen.[156] Die Pädagogen[157] bieten auf ihrer Homepage eine PDF-Datei zum Herunterladen an. In dieser Datei beschreiben sie verschiedene durch Computerspiele erlernbare Fähigkeiten. Demnach lernen Kinder und Jugendliche durch Computerspiele operationale Fähigkeiten wie das Denken in kleinen Schritten. Sie erlernen eine systemische Vorgehensweise, zum Beispiel, wenn sie im Spiel „Sims-City" die wirtschaftliche Lage einer ganzen Stadt im Auge behalten müssen. Ebenfalls betonen die Pädagogen die Förderung von Aufmerksamkeit, Konzentrationsfähigkeit, Ausdauer, Leistungsbereitschaft und Belastbarkeit. Bergmann[158] beschreibt die Förderung von Verantwortungsgefühl und Selbständigkeit durch Spiele. Dem Spieler stehen im Spiel verschiedene Entscheidungen zur Auswahl, die unterschiedliche Konsequenzen für ihn haben. Bei Fehlentscheidungen kann es zum Neustart des Spieles kommen. Der junge Spieler trägt selbst die Entscheidung darüber, wie die Konsequenzen ausfallen. Auch die Auseinandersetzung mit dem

---

[156] vgl. Koch-Möhr (2001): Computerspiele in der Erziehungsberatung und Kinder-Psychotherapie, S. 196.

[157] vgl. Download: Was lernen Kinder im Computerspiel?, http://www.diepaedagogen.de/wissen/material.htm (Eingesehen 29.09.2006).

[158] vgl. Bergmann (2001): Was der Computer Gutes tut, S. 181ff.

Internet und den dazugehörenden Programmen erfordert eine hohe kognitive Leistung. Das Lernen durch Versuch und Irrtum wird angeregt und durch die beobachteten Leistungen der Freunde im Netz angespornt. Hier findet nicht eine von außen auferlegte Motivierung, sondern eine intrinsische Motivation statt. Wie in Kapitell **5.2** beschrieben, werden verschiedene Zusammenhänge zwischen der Identitätsentwicklung der Jugendlichen und den virtuellen Angeboten im Computerspiel und im Internet vermutet. Computerspiele ermöglichen aus verschiedenen vorgegebenen Charakteren auszuwählen und damit für sich neue Rollen auszuprobieren. Bei Spielen, in denen Jugendliche eine ganze Stadt managen oder einen Vergnügungspark leiten, wie zum Beispiel im Spiel „Sims-City" und „Roller Cast", übernehmen sie eine leitende Funktion. Im Internet können sie sich neu definieren, eigene Charaktermerkmale verschweigen oder im Gegenteil sonst verschwiegene Eigenschaften hervorbringen. Der Ersteindruck des Darstellers im Internet vermittelt sich nicht durch die visuelle Erscheinung, sondern durch die eigene narrative Beschreibung.

Im Folgenden möchte ich zwei Einsatzbeispiele, die sich direkt mit der Identitätsarbeit beschäftigen, beschreiben.

6.1.1 Gestalten einer eigenen Homepage

Im Kapitel **5.2.2** ist das Medium der eigenen Homepage bereits behandelt worden. Hier besteht die Gelegenheit für jeden, sich in unterschiedlichsten Formen darzustellen. Gezielt eingesetzt, kann dies Jugendlichen ermöglichen, sich mit ihrer eigenen Identität auseinanderzusetzen. Abgesehen von der Identitätsförderung ermöglicht ein solches pädagogisches Projekt die Auseinandersetzung mit dem Computer und diversen Programmen auf dem PC. Zum Erstellen einer Homepage werden zum Beispiel Grafik- und Schreibprogramme benötigt. Auch der Umgang mit Suchmaschinen wird hierbei gefördert. Bei allen Tätigkeiten wird selbständiges Arbeiten und Ausprobieren gefordert. Da die Jugendlichen oft mit unterschiedlichen Vorerfahrungen starten, kann in Kleingruppen die soziale Kompetenz der Teilnehmer geschult werden. Internetneulinge werden von erfahrenen Nutzern eingewiesen und durch gemeinsames Erarbeiten zum Ausprobieren angeregt. Ferner können Grundproblematiken des Internets, wie die Öffentlichkeit der eigenen Daten, erläutert werden.

Aber zurück zu den identitätsfördernden Möglichkeiten. Die Jugendlichen überlegen gezielt, was sie von sich im virtuellen Raum preisgeben möchten. Was macht sie aus? Und wie können sie dies narrativ ausdrücken? Sie können sich durch ganz individuelle Darstellungsmöglichkeiten, zum Beispiel mit selbst gemalten Bildern, von der Masse der Internetveröffentlicher absetzen. Durch bewusst eingesetzte Symbole, wie Bilder von beliebten Fernsehsendungen, Sportbildern, Liedertexten, können die Jugendlichen ihre Zugehörigkeit zu bestimmten Gruppen darstellen. Eigene Geschichten und Gedichte ermöglichen eine andere Präsentation der Persönlichkeit. Wie zuvor schon erwähnt, können optisch direkt ersichtliche Schwächen verschwiegen werden und verborgene Talente zum Vorschein kommen. Wenn sie möchten, können sie über ein Gästebuch oder ihre E-Mail-Adresse ein Feedback von andern Menschen erhalten. Daraus ergibt sich, dass die Jugendlichen mit Kritik umgehen lernen und die Kommentare anderer Nutzer verarbeiten müssen. Auch können so neue Kontakte entstehen.

Über die Auseinandersetzung mit den technischen Herausforderungen bei der Erstellung einer Homepage gibt das Buch von Margret Datz und Rainer Walter Schwabe „Wir machen unsere eigene Homepage"[159] Auskunft. Im Internet gibt es unterschiedliche Anbieter, die das kostenlose Erstellen einer Internetseite ermöglichen.[160]

6.1.2 Spielcharaktere gestalten und darüber ins Gespräch kommen

Ein zweites identitätsförderndes Angebot besteht darin, sich aktiv mit den Charakteren eines Spieles auseinanderzusetzen. Susanne Kirk beschreibt im Buch „Bildung und Computerspiele"[161] ein Praxisbeispiel. Sie hat mit einer Kleingruppe von Mädchen zunächst ein Computerspiel ausprobiert. Anschließend wurden die Szenen aus dem Spiel mit Techniken des Psychodramas umgesetzt. Das Psychodrama, von Jacob L. Moreno (1889–1974) entwickelt, ist eine Gruppentherapieform. Sie geht davon aus, dass wir in der Interaktion in einer Gruppe auf vorgegebene Stereotypen zurückfallen.

---

[159] Datz & Schwabe (2003): Wir machen unsere eigene Homepage, Verlag an der Ruhe.

[160] Vgl. http://www.blogger.com (eingesehen 24/09/2006);

http://www.mytagebuch.de/profil.php?action=eintrag&id=14757&=207692
(eingesehen 24/09/2006).

[161] vgl. Kirk (2001): Aus der virtuellen Welt in surplus reality, S. 99 ff.

Diese sind für das einzelne Individuum oftmals unzureichend und wirken deshalb blockierend. Mit Hilfe unzähliger Spieltechniken ermöglicht das Psychodrama den Teilnehmern, aus den vorhandenen Rollenstereotypen in flexible und zur Person passende Persönlichkeitsmuster zu finden.[162] Susanne Kirk nutzte die Techniken des Psychodramas zur Bearbeitung der einzelnen Rollen des Spieles und ermöglichte damit den Teilnehmerinnen eine Veränderung der erlebten Charaktere. Nach Kirks Beschreibung fand eine Teilnehmerin in einem virtuellen Charakter einer depressiven Drachenfigur eine Projektionsfläche für abgewehrte eigene innere Anteile. Das reale Rollenspiel gestattete ihr, die Rolle zu wechseln und so Lösungsmöglichkeiten auch für ihr eigenes Leben zu entwickeln.

Eine ähnliche Vorgehensweise wäre, Jugendliche in verschiedenen Spielen Charaktere aussuchen zu lassen und anschließend über die Wahl des Charakters ins Gespräch zu kommen. In einigen Simulationsspielen und neueren Rollenspielen haben die Computerspieler die Möglichkeit, aus verschiedenen Charakterbauteilen eine Persönlichkeit zusammenzustellen. Sie können bezüglich Aussehen und Charakter der Spielfigur wählen. Im Spiel „Die Sims" lässt sich zwischen faulen, aktiven, extrovertierten oder verspielten Charakteren auswählen. Des Weiteren kann zwischen verschiedenen Körpereigenschaften, Gesichtsformen, Augen- und Haarfarben gewählt werden. Auch die gewählte Kleidung drückt als Kulisse des Spielers unterschiedliche Stile der Persönlichkeit des Protagonisten aus. Zum Beispiel Punk oder Geschäftsfrau/-mann im anderen Extrem. Im Online-Spiel „World of Warcraft" kann ebenfalls zwischen verschiedenen Charakteren gewählt werden. Die Persönlichkeit des Spielers wird beim anschließenden Spielen zum Beispiel durch die Wahl unterschiedlicher Ausbildungsberufe beeinflusst. Für das Erstellen eines virtuellen Charakters sollte den Jugendlichen eine gewisse Zeitspanne zur Verfügung gestellt und die Möglichkeit gegeben werden, das Spiel auszuprobieren. So können sie die im Startmenü des Spiels erstellten Spielfiguren auch in ihrer Aktion austesten. Anschließend können die Jugendlichen über die Charakterwahl ins Gespräch kommen. Hierbei können Fragen aufgeworfen werden wie: Bin ich zufrieden mit der Wahl des Protagonisten? Würde ich gerne noch etwas verändern? Entspricht der gewählte Protagonist meiner eigenen Persönlichkeit oder zeigt er genau entgegengesetzte Persönlichkeitsmerkmale? Warum habe ich ihn so gestaltet? Was erhoffe ich mir von dem Charakter? Kann er zum Beispiel eigene

---

[162] Karger-Lackinger (2002): Psychotherapie, S. 373 f.

Schwächen verdecken, Wünsche erfüllen? Hier kann eine Auseinadersetzung mit der eigenen Identität angeleitet werden.

6.2 Gefahren der Nutzung virtueller Welten

Durch negative Folgen des Computerspielens oder Internetnutzens wie die Sucht, körperliche Folgeerscheinungen oder negative Einwirkungen von anderen Usern im Netz wird auch die Identitätsentwicklung bedroht. So kann es eintreten, dass der Betroffene wichtige Bereiche der Identitätsentwicklung auf Grund der Auswirkungen des Computers nicht mehr übernimmt. Zum Beispiel kann der Eintritt in das Berufsleben und damit die Übernahme einer Berufsrolle gefährdet sein. Im Folgenden werden die Gefahren des Rausches, der Sucht, des Identitäts- und des Realitätsverlustes, Gefahren für den Körper wie auch Gefahren durch andere User erläutert. Im anschließenden Kapitel werden pädagogische Maßnahmen und Handlungsweisen zur Vermeidung dieser negativen Auswirkungen aufgezeigt.

6.2.1 Rausch, Sucht, Identitäts- und Realitätsverlust

Wenn die virtuelle Welt so viel Anziehungskraft besitzt, dass alles außerhalb von ihr vergessen wird, wenn das Verlangen besteht, immer wieder den Computer einzuschalten, dann kann von einer suchtähnlichen Extremnutzung gesprochen werden. Nach Döring betrifft dies 3 % der Nutzer, wobei die Gruppe der jugendlichen Nutzer besonders gefährdet ist.[163] Leider beschreibt Döring keine Gründe für die besondere Anfälligkeit der Jugendlichen. Es kann also nur vermutet werden, dass die Jugendlichen auf Grund ihrer in der Entwicklung befindlichen Identität eher in die virtuelle Welt abgleiten. Unter anderem Lammel beschreibt, dass Menschen in Persönlichkeitskrisen, zum Beispiel der Phase der Pubertät, anfälliger für Sucht und Regressionserscheinungen seien. In der Krisenzeit ist das Selbstwertgefühl geschwächt und der Realitätsbezug verändert.[164] Die Betroffenen erfahren einen Verlust von Kontrolle über ihr eigenes Handeln. Sie erleben beim Nutzen von virtuellen Medien ein rauschähnliches Gefühl.

---

[163] vgl. Döring (1999/2003): Sozialpsychologie des Internet S. 305, sie beruft sich auf Hahn & Jerusalem 2003.

[164] vgl. Lammel (1998): Parallele Welten-Rave & Co., S.187.

In Offline-Phasen sind sie nervös und reagieren gereizt. Ihre sozialen Beziehungen und ihre Arbeitsfähigkeit werden gehemmt.[165] Allerdings stellt Döring klar, dass es in der Wissenschaft und Forschung noch Unklarheiten über die tatsächlichen Entstehungsgründe der Sucht gibt. Offen ist noch, inwiefern es sich um eine der Spielsucht ähnliche „[…] nicht-stoffgebundene Sucht […] [handelt oder die] […] Extremnutzung […] [ein] Symptom bekannter psychologischer Störungen, […] [beziehungsweise] als dysfunktionales, passiveskapistisches Coping aufzufassen ist […]".[166] Demnach ist der Aufenthalt in der virtuellen Realität als Verdrängung von anderen Problemen zu betrachten. Döring beschreibt, es sei ähnlich wie das übermäßige Nutzen des Fernsehers oder das veränderte Essverhalten bei Frustration.[167] Im obigen Abschnitt über die Verbindung von Kompensation im kindlichen Spiel und im Computerspiel wird ein ähnliches Verhalten beschrieben. In dem Artikel des Weser-Kuriers, der in dem Aufsatz von Walter & Schetsche zu finden ist, wird ferner darauf hingewiesen, dass ein Drittel aller betroffenen Internetsüchtigen unter Depressionen und mehr als 50 % an einer Persönlichkeitsstörung leiden.[168]

Genauer zu betrachten ist der Begriff des Identitätsverlusts im Zusammenhang mit jugendlichen extensiven Computerspielern und Internetsurfern. Es kann nicht von einem Identitätsverlust gesprochen werden, denn dies würde bedeuten, der Jugendliche besäße keine Identität mehr. Aber im Internet stellt sich der Dauersurfer in irgendeiner Form dar und für seine Offline-Ungebung besitzt er das Identitätsmerkmal des Internetjunkies. Er spielt beziehungsweise übernimmt eine Rolle und besitzt daraus resultierend eine Identität. Fachlich muss von der Identitätsdiffusion gesprochen werden, dies beinhaltet den Verlust gesellschaftlicher oder persönlicher wichtiger Teilidentitäten. Döring verweist allerdings darauf, dass die Akteure immer noch in realweltliche Bezüge eingebunden sind. Sie geht ferner auf die Befürchtung von Kritikern ein, dass in Internetwelten eine ständige Möglichkeit zur Maskerade besteht. Die Nutzung von Scheinidentität trifft nur bei einem geringen Anteil der Internetnutzer zu. In den meisten Internetangeboten werden die tatsächlichen Namen genutzt. Bei E-Mail- Kontakten, Online-Foren oder auf der eigenen Homepage ist meist keine Anonymität

---

[165] vgl. Döring (1999/2003): Sozialpsychologie des Internet, S.305 f; Walter & Schetsche (2003): Internetsucht, S. 17.

[166] Döring (1999/2003): Sozialpsychologie des Internet, S.306.

[167] vgl. Döring (1999/2003): Sozialpsychologie des Internet, S.306.

[168] vgl. Walter & Schetsche (2003): Internetsucht, S.16.

vorhanden. Hier werden sogar Name, Adresse, eigene Fotos und Beruf veröffent-licht.[169] Wird dennoch auf eine Pseudoanonymität zurückgegriffen, „[…] dann dient sie […] vielfach dazu, authentischen Selbstausdruck in riskanten Fragen zu ermögli-chen, und ist nicht dazu gedacht, andere Menschen zu täuschen oder eine fiktive Rolle zu spielen."[170] Dies Verhalten ist somit vergleichbar dem von anonymen Alkoholikern in Selbsthilfegruppen. Es besteht eine größere Gefahr, durch Suchterscheinungen die Kontakte zur realistischen Welt zu verlieren. Der Internetsüchtige kann reale Teiliden-titäten verlieren, wenn er zum Beispiel soziale Kontakte zu Freunden oder dem Sport-verein vernachlässigt. Er kann dann nicht mehr die Rolle des Freundes oder die des „Stürmers" im Fußballverein spielen.

Wie verhält es sich aber mit dem Realitätsverlust? Können sich Online-Spieler, Chatter oder Computerspieler vollständig in der virtuellen Welt verlieren? Nehmen sie ir-gendwann den Unterschied zwischen Realität und virtueller Realität nicht mehr wahr? In der Untersuchung von Witting & Esser werden mögliche Transferprozesse der vir-tuellen Welt auf die reale Welt betrachtet. Sie beschreiben, wie Computerspieler ihre Spielerfahrungen in virtuellen Autorennen auch beim Kartfahren und beim wirklichen Autofahren ausprobieren. Ähnlich ahmten nach ihren Beschreibungen Jugendliche Szenen aus Kampfsportspielen nach. Auch die Problematik der Ego-Shooter, die darin gipfeln kann, dass im Spiel gemachte Erfahrungen, wie das Erschießen von Menschen, in Wirklichkeit nachgeahmt werden, erläutern sie in ihrem Aufsatz. Der Transfer der im Netz und beim Computerspiel gesammelter Erfahrungen ist vorhanden, er wird in anderen Bereichen, zum Beispiel bei Lernprogrammen, als positiver Effekt auch er-wartet.[171] Die beiden Autorinnen schlussfolgern am Ende ihres Aufsatzes: „Menschen müssen lernen, die in ihrer Erscheinungsform immer ähnlicher werdenden Reizeindrü-cke, und die aus diesen Reizeindrücken abgeleiteten Schemata, den entsprechenden Welten zuzuordnen, ohne Ähnliches zu vermischen, da sich Bedeutungen und Konse-quenzen in den einzelnen Welten stark unterscheiden können."[172]

---

[169] vgl. Döring (1999/2003): Sozialpsychologie des Internet, S. 398.

[170] Döring (1999/2003): Sozialpsychologie des Internet, S. 398.

[171] vgl. Kapitel 5.3.2 und vgl. Witting & Esser (2002): Was Computerspieler wahrnehmen und wie sie damit umgehen, S. 95 ff.

[172] Witting & Esser (2002): Was Computerspieler wahrnehmen und wie sie damit umgehen, S. 111.

Doch folgende Fragen bleiben offen: Ab welchem Alter ist ein Kind zu dieser Unterscheidung in der Lage? Inwiefern kann ein jeder Mensch diese Fähigkeit erlangen und wie kann ihm dazu verholfen werden? Zu bedenken ist, dass Kinder erst nach dem Vorschulalter die Entwicklungsphase des „magischen Denkens"[173] überwinden. In dieser Phase besitzen Gegenstände noch ein Eigenleben. Für Kinder im Alter von 2 bis ca. 4 Jahren lebt der Teddybär zunächst. So verabschiedet sich diese Altersklasse zum Beispiel von dem großen Bären „Samson" in der Fernsehsendung Sesamstraße und glaubt, dass auch er mit seiner allgemeinen Verabschiedung nur sie angesprochen hat. Zum „magischen Denken" gehört auch der Glaube an Weihnachtsmann und Osterhase, Hexen und Geister. Später erlangen die Kinder durch naturwissenschaftliches und technisches Verständnis die Ablösung von der magischen Existenz. Demnach ist der Kontakt für Kinder, die sich noch im Stadium des „magischen Denkens" befinden, mit der virtuellen Welt unkalkulierbar. Wenn Kinder in dieser Phase mit virtuellen Welten in Berührung kommen, kann es zu keinem naturwissenschaftlichen Verständnis der Welt kommen. Diese Kinder würden den Unterschied zwischen Realität und virtueller Realität nicht wahrnehmen können. Ferner gelingt dieses Verständnis nicht allen Menschen. Schenk-Danzinger drückt es etwas vereinfacht wie folgt aus: „Bei einfachen Menschen, die selbst wieder von eher einfachen Menschen erzogen wurden, bleibt eine starke Tendenz zurück, auf magischen Deutungen zu verharren oder in nicht ganz alltäglichen Situationen auf sie zurückzufallen."[174] Noch ist nicht endgültig geklärt, wie die Verarbeitung und die Zuordnung der Erfahrungen aus der realen Welt und aus der virtuellen Welt zu beziehungsweise in den unterschiedlichen Systemen genau erfolgt. Welche Entwicklungen die Fähigkeiten zur Unterscheidung der Ebenen schulen und welche sie eher unterdrücken? Ein Beispiel für eine pädagogische Unterstützung der Unterscheidungsfähigkeit ist die Hardliner-Technik von Jens Wiemken (siehe Kapitel 6.2.3)

Nach Reiner Patzlaff[175] besteht die Faszination des Realitätsverlustes für die Jugendlichen in der Entgrenzung. Sie suchen den Ausbruch aus der Leiblichkeit. Er weist darauf hin, dass schon seit Menschengedenken in verschiedenen Formen, in Meditation, durch das Rauchen von Drogen, durch Geisterbeschwörung und Ähnliches, die

---

[173] vgl. Schenk-Danzinger (2001): Entwicklungspsychologie, S. 146.

[174] Schenk-Danzinger (2001): Entwicklungspsychologie, S. 146.

[175] vgl. Patzlaff (2002): Zwischen Schein und Sein S. 84 ff.

Menschen diesen Zustand, losgelöst von Zeit und Raum, angestrebt haben. Unter anderem Lammel beschreibt in diesem Zusammenhang die „[…] kollektive Regression in strukturlosen Räumen[…]"beim „[…]ekstatischen Tanz[…]".[176] Regression bedeutet in diesem Zusammenhang Rückschritt in vorangegangene Entwicklungsphasen. Die Autorin spricht von einer Regression in eine Phase, die etwa den ersten Lebensmonaten gleichkommt. Die Regression wird in der Psychologie teilweise absichtlich eingesetzt, um Heilerfolge zu erzielen. Sie kann „[…] heilsame Funktionen, im Sinne einer „Erholung des Ich", haben. Kommt es jedoch zu einer dauerhaften Fixierung auf diesen Zustand, so nimmt die Regression bösartige […] Formen an, die die Persönlichkeitsstrukturen beeinflussen."[177] Möglicherweise ist diese Beschreibung der Regression durch Drogen und exzessives Tanzen auch auf die angestrebten Rauschzustände beim Computerspielen übertragbar. Um diese These zu verifizieren, wären weitere Forschungen in diesem Bereich notwendig. Es spiegeln sich hierbei die bereits beschriebenen Verarbeitungs- und Verdrängungsmechanismen des Computerspielens wider. Die pädagogische Antwort auf das Computerspielproblem muss bei den Ursachen ansetzen. Hilfestellungen der Pädagogen sollten insbesondere auch die verdrängten Emotionen und Probleme Inhalte der Jugendlichen betrachten und ihnen dafür Diskussionsangebote zur Verfügung stellen.

6.2.2 Der Verlust der Körperlichkeit

Lange Aufenthalte im Cyberspace können nicht nur zu Abhängigkeiten und Realitätsverlust führen, sondern auch körperliche Folgeerscheinungen haben. So lassen sich die Auswirkungen exzessiven Computerspielens mit denen des Fernsehens vergleichen („Couchpotatoes"). Auch wenn der Computer uns Aktivität anbietet, beruht diese doch ausschließlich auf geistiger Leistung und Hand-Augen-Koordination. Die Folgen extensiven Spielens können zu einer Zunahme des Körpergewichtes und zu ausgeprägter körperlicher Trägheit führen. So werden vermutlich sowohl Rückenprobleme und Verspannungserscheinungen, durch das stundenlange Sitzen am Computer, als auch

---

[176] Lammel (1998): Parallele Welten-Rave & Co., S. 187.

[177] vgl. Lammel (1998): Parallele Welten-Rave & Co., S. 187.

Augenprobleme durch die zum Teil schlechten Lichtbedingungen am Computer bei den zukünftigen Generationen anwachsen.[178]

Im schlimmsten Fall kann das Computerspiel zum Tode des Surfers oder Spielers führen. Es sind bereits in der Presse Artikel über entsprechende Fälle bei Online-Spielern erschienen. So beschreibt die PC-Presse am 10.10.2002 den Tod eines 24-jährigen Mannes. Der junge Mann aus dem südkoreanischen Kwanju spielte 86 Stunden am Stück. Er begann sein Spiel an einem Freitag in einem Internetcafé und am Dienstag brach er dort zusammen. Man geht davon aus, dass der Spieler alles um sich herum vergaß. Als Todesursache wurde Kreislaufversagen auf Grund von Schlaf- und Nahrungsmangel vermutet.[179] Ute Antonia Lammel weist auf Kompensationsversuche der Jungendlichen hin. Ihren Körperverlust durch den Aufenthalt in virtuellen Welten gleichen sie nach ihrer Ausführung durch extreme Bewegungsmaßnahmen aus. So gab es eine Zunahme von Extremsportlern und Dauertänzern.[180] Es kann bei exzessivem Computerspielen also zu einem Verlust des Körpergefühls kommen, der im Extremfall den Tod eines Spielers zur Folge hat oder Ausgleichfunktionen des Körpers fordert.

Es ist durch verschiedene Forschungen bewiesen, dass ausgeprägtes Spielen zu körperlichen, seelischen, emotionalen und sozialen Mangelerscheinungen und Störungen führt. Allerdings lässt sich dieser menschliche Verfall nicht nur bei übermäßiger Beschäftigung mit dem Computer beobachten. Durch Alkohol im Übermaß können ähnliche Probleme auftreten. Auch eine Familie, die ihr Essen nur in Fast-Food-Restaurants zu sich nimmt, wird körperliche Probleme erhalten und in der sozialen Entwicklung Defizite aufweisen. Es fehlt ihr an einer ruhigen Essensatmosphäre, in der sich Eltern und Kinder über den Alltag und Bevorstehendes austauschen können. Ebenso kann exzessive Arbeit im Beruf („Workaholics") zu Stresserscheinungen, Herzinfarkten, dem Verlust von sozialen Beziehungen und zu emotionaler Belastung führen. Das Hauptproblem liegt also in der Unausgewogenheit der Nutzung. Verbringen Jugendliche ihre gesamte Zeit mit dem Computer, fehlt ihnen die Möglichkeit,

---

[178] vgl. Döring (1999/2003): Sozialpsychologie des Internet, S. 306.

[179] vgl. http://www.pcpresse.de/common/nws/einemeldung.php?id=4681 (eingesehen 12/09/2006).

[180] vgl. Lammel (1998): Parallele Welten-Rave & Co., S. 180.

sich in anderen Lebensbereichen zu entwickeln. Sie können Teilidentitäten im realen Leben nicht ausprägen.

6.2.3 Pädophilie im Internet

Eine weitere Bedrohung, die von Pädagogen immer wieder beschrieben wird, ist die Gefahr, dass Erwachsene im Netz die Grenzen der Minderjährigen überschreiten. Die pädophil veranlagten Erwachsenen könnten die Jugendlichen verführen oder ausnutzen. Diese Befürchtung ist bei der großen Freiheit und Anonymität, die im Netz herrscht und die Täter schützt, berechtigt. Viele Kinder- und Jugendchats haben daher verschiedene Sicherheitsmaßahmen wie fachliche Beobachter oder Filterprogramme, die bei Auffälligkeiten die entsprechenden Teilnehmer aus dem Chartgespräch ausschließen. Allerdings sollten Pädagogen und Eltern hier auf die Verantwortlichkeit der Jugendlichen vertrauen. Statt übermäßige Schutzmaßnahmen zu ergreifen, können die Eltern präventiv aufklärende Gespräche mit den Jugendlichen führen. Offene und ehrliche Gespräche über Gefahren und Sorgen stellen eine zukunftsweisende Pädagogik dar. Nur so wenden sich die Jugendlichen bei Unsicherheiten an die Eltern oder andere Bezugspersonen.

6.3 Pädagogische Umgangsmöglichkeiten

Um mit den zuvor beschriebenen unterschiedlichen Problemen umzugehen, gibt es verschiedene pädagogische Angebote, die individuell auf die Zielgruppensituation hin ausgewählt und durchgeführt werden können. Zunächst einmal sollten den Jugendlichen Alternativangebote zum Computerspielen und Internetsurfen zur Verfügung stehen. Angebote, die zum einen dieselben Bedürfnisse wie die virtuelle Realität erfüllen, als da wären: die Bedürfnisse nach einfachen, schnellen neuen Kontakten und nach Anerkennung und Erfolgserlebnissen. Gleichzeitig sollten auch die Defizite ausgeglichen werden, die Jugendliche durch das Verweilen in virtuellen Welten aufweisen. Angebote, die körperliche Fähigkeiten schulen und fördern, das Defizit an Bewegung ausgleichen und gleichzeitig soziale Kontakte ermöglichen. Diese Bedürfnisse werden zum Beispiel durch Angebote von Sportvereinen, Tanz- und Akrobatikschulen oder andere gruppensportliche Aktivitäten erfüllt. Auch die Erlebnispädagogik und die

Naturpädagogik zum Beispiel bei den Pfadfindern ermöglichen Bewegung und soziale Kontakte. Zur gezielten Auseinandersetzung mit der eigenen Identität bieten sich Theaterworkshops an. So könnte auch der Inhalt eines Computerspieles nachgespielt werden. Ein interessantes Projekt zum Transfer von Erfahrungen aus Gewaltspielen in das reale Leben bietet Jens Wiemken mit „Hardliners – Zeit für Helden?"[181] Jugendliche spielen innerhalb einer Woche ein taktisches Sciencefiction-Kampfspiel nach. Der Inhalt der Sciencefiction-Geschichte handelt von Außerirdischen, die versuchen, die Erde zu kontaktieren. Auf der Erde entsteht zwischen den Regierungstruppen und den Rebellen ein Konflikt um die einzige Übersetzungsmaschine. Die 13- bis 17-Jährigen werden in zwei Gruppen eingeteilt. Sie kämpfen bewaffnet mit Luftpumpen und Korken um die Einzelteile, aus denen sie die fiktive Übersetzungsmaschine herstellen können. Die Jugendlichen verbringen einen Tag und eine Nacht im Gelände und erleben damit auch körperliche Erschöpfung. Anschließend folgt die Auswertung der gesammelten Erfahrungen. Hierbei werden nach Wiemken statt pädagogischer Standpauken solidarische Gespräche ermöglicht. „Denn auch Erwachsene erleben ihre Ohnmacht gegenüber Gewalt im Alltag, lehnen diese ab, können sie aber auch nicht immer verhindern."[182]

Andersherum können die Pädagogen sich aber auch in die Alltagswelt vieler Jugendlicher im Internet begeben. Hier liegt ein Schwerpunkt der Sozialarbeit, die sich mit den außerschulischen Aktivitäten von Jugendlichen beschäftigt. Nennen wir es einmal: „Internet-Streetwork". StreetworkerInnen arbeiten außer in den Räumen ihrer Institution auch in dem unmittelbaren Lebensumfeld der Zielgruppe. Galuske nennt 1998 hier exemplarisch: „Straßenecken, Scenetreffs, […] Ladenpassagen, […] Spielplätze und teilweise auch Privaträume." [183] Wie die vorliegende Arbeit belegt, treffen wir heute die vielen Jugendlichen auch im Internet. Das World Wide Web als neuen Arbeitsplatz für Sozialpädagogen zu definieren und dort Kontakt zu Hilfsbedürftigen herzustellen, könnte ein neues Aufgabenfeld der Sozialen Arbeit sein.

---

[181] vgl. Wiemken (2004): Computerspiele „Zurück"-Übersetzen – Mit Kindern und Jugendlichen über Computerspiele hinaus ins Spiel kommen, S. 157 ff; Wiemken (2001): Hardliners – Zeit für Helden!? S. 57 ff.

[182] Wiemken (2004): Computerspiele „Zurück"-Übersetzen – Mit Kindern und Jugendlichen über Computerspiele hinaus ins Spiel kommen, S. 166.

[183] Galuske (2005): Methoden der Sozialen Arbeit, S. 277.

Vorstellbar wäre zum Beispiel, dass ein Jugendzentrum den Chat-Raum als Kontaktraum nutzt. Die Utopie, die ich mir vorstelle, wären Chat-Räume, in denen die jungen Menschen die Möglichkeit haben, sich zurückzuziehen, wobei ihnen ein verantwortungsvolles Verhalten zugetraut wird. Entwicklungspsychologisch ermöglicht dies den Zugang zu den verschiedenen Entwicklungsaufgaben des Jugendalters vom Ablösen über die Selbständigkeit bis zum Knüpfen von Kontakten zu Gleichaltrigen.[184]

In den Chat-Räumen sollten erwachsene Gesprächspartner zur Verfügung stehen, wo die Jugendlichen zu den Pädagogen Kontakt herstellen können. Sie brauchen einen Sozialisationsraum, in dem sie mit Erwachsenen über Probleme oder auch belanglose Themen ins Gespräch kommen. Hier schließt sich direkt das Thema der Online-Beratung an. Sie wird in Fachzeitschriften als neues sozialpädagogisches Feld empfohlen.[185] In der Praxis handelt es sich um ein noch nicht ausgereiftes Arbeitsmodell. Vorteil der Online-Beratung sind die niederschwelligen Einstiegsmöglichkeiten. Problematisch ist allerdings, wenn eine Einrichtung ihr Angebot vollständig auf das Internet auslegt, da nicht alle Jugendlichen mit den entsprechenden Problemen die Internetmöglichkeiten oder -kompetenzen besitzen. Auch ist die Beratung in Foren schwierig, hier wird auf die Selbsthilfe anderer User gesetzt. Die anderen User können aber auch sehr problemverstärkende Beiträge veröffentlichen. Eine Beispieläußerung wäre: „Oh man, bist du ein Versager, wenn ich so einen Mist gebaut hätte, würde ich mich lieber gleich mal umbringen!" Wenn hier nicht eine direkte und dauerhafte Überwachung durch Fachkräfte stattfindet, mag dies sehr kontraproduktiv sein. Sinnvoller ist es, Gesprächschats, die von einer ausgebildeten Fachkraft begleitet werden, zu speziellen Themen und festen Zeiten anzubieten. Eine finanzielle Verbesserung für die Einrichtung wird eine gute und professionelle Online-Beratung allerdings nicht bieten. Die fachliche Pflege von Sorgenchats oder Foren braucht dieselbe Arbeitszeit und fachliche Kompetenz wie eine persönliche Beratung. Dennoch bietet das Internet eine andere Erreichbarkeit als eine Beratungsstätte.[186]

---

[184] siehe hierzu Kapitel 2.1.

[185] siehe hierzu die Artikel von Hoffmann, Poli, Ertelt, Gerö, Schweer & Lukaszewski in merz (Nr. 5, Oktober 2005)

[186] Zusammengetragene Ergebnisse von Seminarteilnehmern, des Seminars: Techniken beruflichen Handelns Onlineberatung, 17.05.06 bis 19.05.06 , Katholische Fachhochschule Aachen, Seminarleitung Dr. Nadia Kutscher.

Im Bezug auf die schon zuvor beschriebene Problematik der Internetsucht könnte ein Internetjugendzentrum beispielsweise Foren und Aufklärungsseiten, Links zu professionellen Beratungen oder erste eigene Hilfen per Sorgenchats oder E-Mail-Beratungen anbieten. Dieser Ansatz bietet den Jugendlichen Selbstverantwortung und Hilfe zur Selbsthilfe.

Zusätzlich kann ein Jugendzentrum im Internet verschiedene Veranstaltungen in der realen Welt anbieten und für sie im Netz werben. Der Jugendtreff kann zum Beispiel geschützter Ort sein, an dem sich die Chatter auch im wirklichen Leben treffen und kennen lernen können. Es könnte Foren geben, in denen die Jugendlichen Beiträge „posten"[187] also hier asynchron über Themen diskutieren. Ferner wäre es entwicklungsfördernd, den Jugendlichen die Möglichkeit zu geben, eigene Gedichte und Texte oder Verlinkungsmöglichkeiten mit ihren eigenen Homepages anzubieten. In regelmäßigen Abständen sollten Chat-Discos, Ausstellungen der Gedichte oder Wettbewerbe, die den Interessen der jugendlichen Internetsurfer entsprechen, angeboten werden. Ergänzt werden kann dies durch Alternativangebote, Sportaktivitäten oder Gesellschaftsspiele.

6.4 Zusammenfassung

Der Computer ermöglicht Jugendlichen sehr selbständig die Auseinandersetzung mit der eigenen Identität und verschiedenen Rollen in sozialen Kontexten. Dies kann von Pädagogen gezielt genutzt und unterstützt werden. Der zweite Handlungsschwerpunkt der Pädagogik ist der Schutz der Jugendlichen vor dem übermäßigen Gebrauch des Computers. Dabei sind alternative Angebote genauso wichtig wie ein offener Umgang mit- und ein Austausch untereinander. Nur wer mit den Jugendlichen in Kontakt bleibt, kann sie unterstützen und schützen.

Pädagogen und Eltern haben eine schwierige Aufgabe: Auf der einen Seite müssen sie die Selbstverantwortung der Jugendlichen schulen und ihnen damit zutrauen, Gefahren bewusst abzuwägen. Auf der anderen Seite fordern Jugendliche aber auch ihre Grenzen und Hilfen ein. So ist die Beobachtung der Entwicklung im Internet und des Computerspielemarkts notwendig und möglicherweise individuelles und gesellschaftliches

---

[187] posten ist der Begriff für das Hineinsetzen von eigenen Beiträgen ins Internet.

Eingreifen, zum Beispiel bei abhängigen Jugendlichen und bei Computerspielen mit unvertretbaren Inhalten, denkbar.

7 Schlussbetrachtung

In dieser Arbeit wurde der Einfluss virtueller Welten und neuer medialer Entwicklungen auf die Jugendidentitätsentwicklung diskutiert. Die Schlussfolgerungen der technischen, gesellschaftlichen und psychologischen Betrachtung ergeben ein Fortschreiten dieser neuen Entwicklungen. Um ein differenzierteres Bild zu erhalten, wäre allerdings weitere direkte Forschungsarbeit, zum Beispiel in Form von Feldversuchen, notwendig. Auf der einen Seite nimmt der Computer und seine Funktionsfähigkeit im alltäglichen Leben einen immer größeren Raum ein, womit auch die Fähigkeit, mit ihm umzugehen, immer bedeutender wird. Auf der anderen Seite übt das Medium an sich bereits eine komplexe Anziehungskraft aus, ohne von vornherein einer praktischen Funktion untergeordnet zu sein. Worauf beruht diese Anziehungskraft? Ein Großteil des Lebens findet heute nicht mehr nur in der Realität, sondern auch in virtuellen Welten statt. Überall, wo das Individuum (er)lebt, setzt es sich wiederum mit seiner Identität auseinander. Es lebt, spielt und probiert Rollen aus mit dem Computer (im Computerspiel) oder im sozialen Kontakt (im Chat).

Diese Arbeit zeigt an verschiedenen Beispielen, wie sich in virtuellen Welten erlebte Rollen auf die Realität übertragen lassen. Die Nutzung von Medien zur geistigen Weiterentwicklung ist in der einen oder anderen Form aus jedem Zeitalter bekannt. So mag in der Frühzeit der menschlichen Entwicklung das Geschichtenerzählen am Lagerfeuer dazu gedient haben, Erlebtes widerzuspiegeln und das Erproben neuer Handlungsvarianten zu ermöglichen. Heute können Jugendliche sich im Computerspiel in anderen Rollen erproben. Grundbedürfnisse wie zum Beispiel Anerkennung, Kontaktaufnahme, Unterhaltung, Verarbeitung und Erfolg, die schon damals bestanden haben, bestehen noch heute. Allerdings haben sich die Befriedigungsstrategien und -orte im Laufe der Gesellschaftsentwicklung verändert. Sie haben sich an die gegebenen Entwicklungen angepasst. Heute mag ein junger Mensch nicht mehr den Erfolg verspüren, eine Eidechse erlegt zu haben, und er mag auch nicht in das soziale Miteinander eines ganzen Stammes von Menschen eingebunden sein. Stattdessen wird er sich seine Bedürfniserfüllung zumindest bis zu einem gewissen Grad in der virtuellen Welt suchen. In der Erfüllung dieser Grundbedürfnisse besteht die Anziehungskraft der neuen Medien. Sie haben sich in dieser Funktion ihren Weg durch die Veränderung unserer Gesellschaft praktisch selbst gesucht. Wie jedes Mal, wenn eine Neuentwicklung die

Gesellschaft erreicht, entstehen große Ängste. Der Forscher Matthias Horx beschreibt dasselbe Problem bei den ersten Jugendromanen. Es wurde angenommen, sie würden törichte Fantasien hervorrufen und damit die Sitten verderben und in den Jugendlichen böse Wünsche wecken.[188] Ähnliche Parallelen können zu den technischen Neuerungen der Eisenbahn und der Flugzeuge, ja sogar zum Automobil gezogen werden. Makaber ausgedrückt müssen die technischen Neuerungen erst einmal 'Opfer' fordern, um weiterentwickelt und sicher zu werden. Erliegen einige Menschen den Gefahren der Übergangsphasen, können Gesetze erlassen und Veränderungen angestrebt werden. So ergab sich zum Beispiel die Anschnallpflicht im Auto durch die hohe Zahl von Toten und Verletzten bei (Auffahr)Unfällen. Die Gefahren, welche die virtuellen Welten für die Identitätsentwicklung von Jugendlichen mit sich bringen, sind im letzten Kapitel ausführlich beschrieben worden. Hier liegt die Verantwortung bei den Eltern, Pädagogen und der Politik, den Jugendlichen ein Lebensumfeld zu bieten, in dem sie sich auch in virtuellen Welten in geschütztem Rahmen erproben können. Wird dieser Verantwortung nicht entsprochen, so wird es immer wieder Spieler und User geben, welche der Spiel- und Internetsucht verfallen oder die gespielte Gewalt zum Beispiel an Klassenkameraden ausprobieren. Dies folgt allerdings nicht als notwendige Konsequenz aus der Nutzung des Mediums selbst, sondern vielmehr, weil bestimmte Sozialisationsbedingungen außerhalb des Mediums diesen Jugendlichen keine Wahl lassen.

Wie meinen Ausführungen entnommen werden kann, gehöre ich weder zu den Menschen, welche die neuen Medien ausschließlich als Gefahr für die Identitätsentwicklung der Jugendlichen ansehen, noch betrachte ich die neuen Entwicklungen ausschließlich als positiv. Über die genaueren Auswirkungen einzelner Online-Dienste und der einzelnen unterschiedlichen Computerspiele auf die Jugendidentitätsentwicklung konnten im Rahmen dieser Arbeit nur Vermutungen angestellt werden. Wie bereits erwähnt, wäre weitere Forschungsarbeit vonnöten, um ein differenzierteres Bild zeichnen zu können. So müssten zum Beispiel in geeigneten Versuchen die genaueren Auswirkungen auf die Identitätsentwicklung von Jugendlichen untersucht werden.

In dieser Arbeit spiegelt sich meine eigene pädagogische Entwicklung wider: Im Jahr 2001 habe ich in einem Kindergarten in der Innenstadt von Aachen damit begonnen, mich mit den Lebenswelten von Kindern in Städten auseinanderzusetzen. Meine

---

[188] vgl. Horx (2006): Hoppla, hier kommt mein zweites Ich!, S. 18.

damalige Reaktion war ein drastisches Alternativprogramm. Ich begann damit, Waldtage mit den Kindern durchzuführen und alle 'negativen' Alltagseinflüsse fernzuhalten. Heute, fünf Jahre später, betrachte ich die Entwicklung der Gesellschaft zu naturentfremdeten, bewegungseingeschränkten Menschen als unaufhaltsam. Waldtage und Sportangebote sind somit unverzichtbar geworden. Allerdings sollten sie gleichwertig neben dem Fortschritt stehen. Die Zukunft unserer Gesellschaft, die Jugendlichen, die Erwachsenen von morgen, werden die Computer brauchen, um ihre beruflichen Aufgaben zu erfüllen. Verbannung bringt die Pädagogik hier nicht weiter. Die Jugendlichen müssen selbst einen verantwortungsvollen Umgang mit dem Medium lernen. Dies kann nur gelingen, wenn sie es interaktiv nutzen und somit darüber ins Gespräch kommen können. Wer heute lebt, lebt auch in einer virtuellen Welt. Gemeinsam können Wege gefunden werden, sich in dieser Welt zurechtzufinden. Wer aber die Augen vor diesen Gegebenheiten verschließt, läuft Gefahr, die Türen und Schnittstellen zwischen den Realitäten zu schließen und sich in dem einen oder anderen Extrem zu verlieren.

Anhang 1: Literaturverzeichnis

Beck Ulrich (1986): Risikogesellschaft. Auf dem Weg in eine andere Moderne, Suhrkamp Verlag, Frankfurt am Main

Bente Gary, Krämer Nicole C. & Anita Petersen (2002): Virtuelle Realitäten, Hogrefe-Verlag GmbH Göttingen

Bergmann Wolfgang (2001): Was der Computer Gutes tut. Anmerkungen zum Einsatz von Computerspielen in Lern- und Verhaltenstherapie [in] Fromme Johannes, Meder Norbert (Hrsg.): *Bildung und Computerspiele. Zum kreativen Umgang mit elektronischen Bildschirmspielen*, (S. 181–192) Leske + Bundrich, Opladen, Reihe Virtuelle Welten, Band 3

Bilstein Johannes, Winzen Matthias & Wulf Christoph (Hrsg.) (2005): Anthropologie und Pädagogik des Spiels, Beltz Weinheim und Basel

Bünger Traudl (2005): Narrative Computerspiele, Struktur & Rezeption, kopaed Hochschulschrift, Kempten

Büttner Christian: Verhältnis von phantasierter zur realen Gewalt, http://snp.bpb.de (Eingesehen 31/08/2006)

Busch Hans Joachim & Heim Robert (2002): Schöne neue Cyberwelt? Psychosozial, Jahrgang 25, Nr. 89, Heft III

Cadoz Claude (1994): Die virtuelle Realität, BLT Lübbe, Bergisch Gladbach

Csikszentmihalyi Mihaly (1992): Flow. Das Geheimnis des Glücks, Klett-Cotta Stuttgart, 2. Auflage

Datz Margret & Schwabe Rainer Walter (2003): Wir machen unsere eigene Homepage, Verlag an der Ruhr

Deutsche Shell (Hrsg.) (2002): Jugend 2002, 14. Shell Jugendstudie. Zwischen pragmatischem Idealismus und robustem Materialismus, Fischer Taschenbuch Verlag, Frankfurt am Main

Deutsche Shell (Hrsg.): 50 Jahre Shell Jugendstudie. Von Fräuleinwunder bis zu neuen Machern, Ullstein

Dittler Ullrich (1993): Software statt Teddybär. Computerspiele und die pädagogische Auseinandersetzung, Ernst Reinhard GmbH & Co. München

Döring Nicola (1999/2003): Sozialpsychologie des Internet. Die Bedeutung des Internet für Kommunikationsprozesse, Identitäten, soziale Beziehungen und

Gruppen, Hogrefe-Verlag GmbH Göttingen, Bern, Toronto, Seattle, 2. vollständig überarbeitete Auflage

Enzens-Berger Hans Magnus (2000): Das digitale Evangelium, [in] Spiegel (Heft 2, 2000), S. 96–100

Erikson Erik H. (1970): Jugend und Krise, Die Psychodynamik im sozialen Wandel, Ernst Klett Verlag, Stuttgart

Faßler Manfred & Halbach Wulf R. (Hrsg.) (1994): Cyberspace. Gemeinschaften, virtuelle Kolonien, Öffentlichkeiten, Wilhelm Fink Verlag, München

Fehr Wolfgang & Fritz Jürgen (1995): Bedeutung von Computerspielen für Besucher von Jugendeinrichtungen, [in] Fritz Jürgen (Hrsg.): *Warum Computerspiele faszinieren. Empirische Annäherungen an Nutzung und Wirkung von Bildschirmspielen*, (S. 126–142) Juventa Verlag, Weinheim, München

Feser Herbert (2000): Der menschliche Lebenszyklus, Entwicklung des Selbstkonzeptes und des Sozialverhaltens über elf Lebensabschnitte, Reihe Blickpunkt Gesundheit Bd. 5, 1. Auflage

Fritz Jürgen (1989): Spielzeugwelten. Eine Einführung in die Pädagogik der Spielmittel, Juventa Verlag, Weinheim, München

Fritz Jürgen (Hrsg.) (1995): Warum Computerspiele faszinieren. Empirische Annäherungen an Nutzung und Wirkung von Bildschirmspielen, Juventa Verlag, Weinheim, München

Fritz Jürgen, Wegge Jürgen, Wagner Volker, Gregarek Silvia & Trudewind Clemens (1995): Faszination, Nutzung und Wirkung von Bildschirmspielen [in] Fritz Jürgen (Hrsg.) (1995): *Warum Computerspiele faszinieren. Empirische Annäherungen an Nutzung und Wirkung von Bildschirmspielen*, (S. 338–244) Juventa Verlag, Weinheim, München

Fritz Jürgen & Fehr Wolfgang (1999): Identitätsangebote von Computerspielen, Reihe Computerspiele auf dem Prüfstand, Bundeszentrale für politische Bildung, Bonn, Computerspiele auf dem Prüfstand, Staffel 11

Fritz Jürgen & Fehr Wolfgang (1998): Netzwerk-Spiele Reihe Computerspiele auf dem Prüfstand, Bundeszentrale für politische Bildung, Bonn, Computerspiele auf dem Prüfstand

Fritz Jürgen (2004): Virtuell ins Spiel kommen, [in] Praxis Spiel und Gruppen (Jahrgang 17, Heft 4) S. 136–141

Fritz Jürgen & Fehr Wolfgang: Von der realen zur virtuellen Gewalt, http://snp.bpb.de 31.08.2006

Fromme Johannes, Meder Norbert, (Hrsg.) Vollmer Nikolaus (2000): Computerspiele in der Kinderkultur, Leske + Bundrich, Opladen, Reihe Virtuelle Welten, Band 1

Fromme Johannes & Meder Norbert (Hrsg.) (2001): Bildung und Computerspiele. Zum kreativen Umgang mit elektronischen Bildschirmspielen, Leske + Bundrich, Opladen, Reihe Virtuelle Welten Band 3

Galuske Michael (2005): Methoden der Sozialen Arbeit. Eine Einführung, Juventa Weinheim, München, 6. Auflage

Gerö Sandra (2005): Kriterien der Qualitätssicherung für Online-Beratungsangebote [in] merz medien+erziehung (Jahrgang 49, Nr. 5, Oktober), S. 48–50

Goffman Erving (2006): Wir alle spielen Theater. Die Selbstdarstellung im Alltag, Piper Verlag, 4. Auflage

Gudjons Herbert (1995): Pädagogisches Grundwissen. Überblick- Kompendium- Studienbuch, 4. überarbeitete und erweiterte Auflage, Julius Klinkhardt Verlag, Bad Heilbrunn

Hobday Angela, Ollier Kate (2001): Helfende Spiele. Kreative Lebens- und Konfliktberatung von Kindern und Jugendlichen, Beltz Verlag, Weinheim, Basel

Hobmair Hermann (1996): Pädagogik, Stam Verlag, Köln, 2. Aufl.

Hoffmann Dagmar (2005): Intimitäten im Netz. Jugendliche suchen Hilfe bei Internetportalen für sexuelle Aufklärung [in] merz medien+erziehung (Jahrgang 49, Nr. 5, Oktober), S. 38–43

Hollbach Michael (2006): Computerfreak und Schulversager. Forscher untersuchen den Zusammenhang zwischen Medienkonsum und Lernprobe, Manuskript des WDR 5, Leonardo Wissenschaft und mehr, Sendedatum: 28. April 2006

Horx Matthias (2006): Hoppla, hier kommt mein zweites Ich!, [in] Perter Moosleitners Magazin (P.M.) (August 2006), Gruner + Jahr Verlagsgruppe, München, S. 13–24

Karger-Lackinger Ingeborg (2002): Psychotherapie, [in] Schwarzer Wolfgang, Trost Alexander (Hrsg.): *Psychiatrie und Psychotherapie*, (S. 331–378) Borgmann, 2. verbesserte Auflage

Kemper Peter und Sonnenschein Ulrich (Hrsg.) (2000): Sucht und Sehnsucht, Rausch-risiken in der Erlebnisgesellschaft, Philipp Reclam jun. GmbH& Co, Stutt-gart

Keupp Heiner (2002): Identitätskonstruktionen. Das Patchwork der Identitäten in der Spätmoderne, Rowohlt Taschenbuch Verlag, Reinbek bei Hamburg, 2. Auflage

Kirk Susanne (2001): Aus der virtuellen Welt in surplus reality, [in] Fromme Johannes, Meder Norbert (Hrsg.): *Bildung und Computerspiele. Zum kreativen Um-gang mit elektronischen Bildschirmspielen*, (S. 99–116) Leske + Bundrich, Opladen, Reihe Virtuelle Welten, Band 3

Kirk Susanne (2004): Mädchen und Computerspiele, [in] Praxis Spiel und Gruppen (Jahrgang 17, Heft 4), S. 149–156

Koch-Möhr Rainer (2001): Computerspiele in der Erziehungsberatung und Kinder-Psychotherapie [in] Fromme Johannes, Meder Norbert (Hrsg.): *Bildung und Computerspiele. Zum kreativen Umgang mit elektronischen Bild-schirmspielen*, (S. 193–202) Leske + Bundrich, Opladen, Reihe Virtuelle Welten, Band 3

Kleve Heiko (2003): Konstruktivismus und Soziale Arbeit, Dr. Heinz Kersting Verlag, Reihe Schriften zur Sozialen Arbeit Band 2, Aachen, 2. durchgesehene Auflage

Krappmann Lothar (2005): Soziologische Dimensionen der Identität, Klett-Cotta, Stuttgart, 10. Auflage,

Lammel Ute Antonia (1998): Parallele Welten-Rave & Co. [in] Jordan Erwin, Kreft Dieter (Hrsg.): *Jahrbuch der Sozialen Arbeit 1999*, (S. 178–194) Votum Verlag, Münster

Lammel Ute Antonia (2003): Rauschmittelkonsum und Freizeitverhalten der 14- bis 18- Jährigen, Orientierungslinien einer zeitgemäßen Sekundärprävention, Verlag Mainz, Wissenschaftsverlag, Aachen, 1. Auflage

Löchel Elfriede (2002): Zur psychischen Bedeutung virtueller Welten [in] Im Weg zum Menschen (Jahrgang 54), S. 5–16

Maaß Jürgen, Schartner Christian (1993): Computerspiele – (Un)heile Welt der Ju-gendlichen?, Profil Verlag GmbH, München, Wien

Mayer Werner Paul (1992): Aufwachsen in simulierten Welten. Computerspiele – die zukünftige Herausforderung für Eltern und Erzieher, Verlag Peter Lang, Frankfurt am Main

Menne Tanja, Steidle Ansgar (2005): World of Warcraft, Grundlagentipps [in] PC Action (April 5/2005) S. 141–156

Merz Hans-Peter, Tanner Hannes (Hrsg.) (2002): Macht des Computers – Ohnmacht der Pädagogik? Chancen und Gefahren virtueller Welten, Edition SZH/SPC, Luzern, Schweiz

Misek-Schneider Karla & Fritz Jürgen (1995): StudentInnen im Sog der Computerspiele [in] Fritz Jürgen (Hrsg.): *Warum Computerspiele faszinieren Empirische Annäherungen an Nutzung und Wirkung von Bildschirmspielen*, (S. 39–65) Juventa Verlag, Weinheim, München

Misoch Sabina (2004): Identitäten im Internet. Selbstdarstellung auf privaten Homepages, UVK Verlagsgesellschaft mbH, Konstanz

Montada Leo & Oerter Rolf (Hrsg.) (2002): Entwicklungspsychologie, Beltz Weinheim, Basel, 5. vollständig überarbeitete Auflage

Moreno Jacob L. (1973): Gruppenpsychotherapie und Psychodrama, Einleitung in Theorie und Praxis, Georg Thieme Verlag, Stuttgart, 2. unverändert Auflage

Orthmann Claudia: Strukturen der Chat-Kommunikation. Konversationsanalytische Untersuchung eines Kinder- und Jugendchats, http://www.diss.fu-berlin.de/2004/78/ (Eingesehen 21/09/2006)

Patzlaff Rainer (2002): Zwischen Schein und Sein, [in] Merz Hans-Peter, Tanner Hannes (Hrsg.): *Macht des Computers – Ohnmacht der Pädagogik? Chancen und Gefahren virtueller Welten*, (S. 75–93) Edition SZH/SPC, Luzern, Schweiz

Peuckert Rüdiger (2002): Familienformen im sozialen Wandel, Leske + Bundrich, Opladen, 4. überarbeitete und erweiterte Auflage

Petzold Matthias (2000): Die Multimediafamilie. Mediennutzung, Computerspiele, Telearbeit, Persönlichkeitsprobleme und Kindermitwirkung in Medien, Leske + Bundrich, Opladen, [Hrsg.] Johannes Fromme & Nobert Meder, Reihe Virtuelle Welten, Band 2

Poli Daniel, Ertelt Jürgen (2005): Beratung im Netz, Online-Pflaster oder Online-Therapie [in] merz medien+erziehung (Jahrgang 49, Nr. 5, Oktober),

S. 44–47

Turkle Sherry (1999): Leben im Netz. Identität in Zeiten des Internet, Rowohlt Taschenbuch Verlag, Hamburg

Satir Virginia (1990): Kommunikation, Selbstwert, Kongruenz, Konzepte und Perspektiven familien-therapeutischer Praxis, Jungfermann, Paderborn

Schäfers Bernhard (Hrsg.) (2003): Grundbegriffe der Soziologie, Leske + Bundrich, Opladen, 8. Auflage

Schenk-Danzinger Lotte (2001): Entwicklungspsychologie, öbv&hpt Verlag, 25. Auflage, Nachdruck

Schwarzer Wolfgang, Trost Alexander (Hrsg.) (2002): Psychiatrie und Psychotherapie, Borgmann 2. verbesserte Auflage

Schweer Martin K.W. & Lukaszewski Frank (2005): (Neue) Medien, Vertrauen und die Bildung jugendkultureller Identitäten [in] merz medien+erziehung (Jahrgang 49, Nr. 5, Oktober 2005), S. 51–55

Stöcker Christian (2004): Gehirntraining mit dem Shooter
http://www.spiegel.de/wissenschaft/mensch/0,1518,333935,00.html (Eingesehen 31/08/2006)

Spitzer Manfred (2006): Töten lernen per Software, [in] Perter Moosleitners Magazin (P.M.) September 2006, Gruner + Jahr Verlagsgruppe, München, S.66–68

Virilio Paul (2002): Rasender Stillstand, Fischer Taschenbuchverlag, Frankfurt am Main, 3. Auflage

Walter Susanne & Schetsche Michael (2003): Internetsucht. eine konstruktionistische Fallstudie [in] Soziale Probleme (H1) S. 5–40

Weinberger Sabine (2005): Kindern spielend helfen. Eine personzentrierte Lern- und Praxisanleitung, Juventa Verlag, Weinheim, München, 2. überarbeitete und ergänzte Auflage

Wenzler Nils (2004): Im virtuellen Netzen spielen, über das Phänomen der Internet-Clans, [in] Praxis Spiel und Gruppen (Jahrgang 17, Heft 4), S. 167–175

Wiemken Jens (2001): Hardliners – Zeit für Helden [in] Fromme Johannes, Meder Norbert (Hrsg.): *Bildung und Computerspiele. Zum kreativen Umgang mit elektronischen Bildschirmspielen* (S. 57– 98) Leske + Bundich, Opladen

Wiemken Jens (2004): Computerspiele „Zurück" – Übersetzen – Mit Kindern und Jugendlichen über Computerspiele hinaus ins Spiel kommen, [in] Praxis Spiel und Gruppen (Jahrgang 17, Heft 4), S. 157–166

Willand Ilka (2002): Chatroom statt Marktplatz. Identität und Kommunikation zwischen Öffentlichkeit und Privatheit, kopaed Verlag, München

Witting Tanja & Esser Heike (2002): Was Computerspieler wahrnehmen und wie sie damit umgehen. Inhalt der Computerspiele und mögliche Transferprozesse [in] Merz Hans-Peter, Tanner Hannes (Hrsg.): *Macht des Computers – Ohnmacht der Pädagogik? Chancen und Gefahren virtueller Welten,* (S. 95–111) Edition SZH/SPC, Luzern, Schweiz

Witting Tanja (2004): Virtuelle Spielfiguren, [in] Praxis Spiel und Gruppen (Jahrgang 17, Heft 4), S. 142–148

Witting Tanja, Kraam-Aulenbach Nadia, Shahieda Ibrahim: Inhaltsanalyse und Auswertung der Befragung zum Spiel „Die Sims". PDF-Datei www.sw.fh-koeln.de/wvw/downloads/Sims.pdf#search=%22Inhaltsanalyse%20Sims%22 (Eingesehen 31/08/2006)

Zimbardo Philip G. (1992): Psychologie, Springer Verlage, Berlin, Heidelberg 5. neu übersetzte und bearbeitete Auflage

Anhang 2: Wissenschaftliche Internetseiten/Studien/Nachschlagewerke

Internetseiten

Statistisches Bundesamt

http://www.destatis.de/ (Eingesehen 07/06/2006)

Seiten von Computerspielen

http://www.tombraider.com/ (Eingesehen 31/08/2006)

Seiten von Chats, Foren usw.

http://www.dugg.de (Eingesehen 05/08/2006)

http://www.xam-design.de/pixel-gnom/pg3/index.php (Eingesehen 05/08/2006)

http://jugendserver.spinnenwerk.de/~virtuellewelt/info/elterninfo.php

(Eingesehen 23/09/2006)

www.bke-sorgenchat.de (Eingesehen 23/09/2006)

http://www.blogger.com (Eingesehen 24/09/2006)

http://www.mytagebuch.de/profil.php?action=eintrag&id=14757&eid=207692

(Eingesehen 24/09/2006)

www.ebay.de (Eingesehen 04/09/2006)

Seiten von Artikeln aus dem Netz

http://snp.bpb.de (Eingesehen 31/08/2006)

http://www.spiegel.de/wissenschaft/mensch/0,1518,333935,00.html

 (Eingesehen 1/08/2006)

www.sw.fhkoeln.de/wvw/downloads/Sims.pdf#search=%22Inhaltsanalyse%20Sims%
2(Eingesehen 31/08/2006)

http://www.pcpresse.de/common/nws/einemeldung.php?id=4681

(Eingesehen 12/09/2006)

http://www.diss.fu-berlin.de/2004/78/ (Eingesehen 21/09/2006)

http://www.diepaedagogen.de/wissen/material.htm (Eingesehen 29/09/2006)

Studien

- ARD/ZDF-Online-Studie 2005

- Statistisches Bundesamt (2006): Informations-Technologie in Unternehmen und Haushalten 2005, Statistisches Bundesamt, Pressestelle Wiesbaden,

- Medienpädagogischer Forschungsverbund Südwest: JIM 2005, Jugend, Information (Multi-)Media, Basisstudie zum Medienumgang 12- bis 19-Jähriger in Deutschland, Stuttgart

Nachschlagewerke

- Brockhaus Enzyklopädie (1992): 17. Band, Mannheim, 19. völlig neu bearbeitete Auflage,

- Brockhaus Enzyklopädie (1992): 18. Band, Mannheim, 19. völlig neu bearbeitete Auflage,

- Brockhaus Enzyklopädie (1994): 23. Band, Mannheim, 19. völlig neu bearbeitete Auflage,

- Duden (1990): 5 Das Fremdwörterbuch, Dudenverlag Mannheim, Wien, Zürich, 5. neu überarbeitete Auflage

- Duden (2006): Die deutsche Rechtschreibung, Mannheim, 24. Auflage

Andere Medien

- Programmheft des DAS DA Theaters (2006): Der Chatroom von Enda Walsh, Spielzeit Februar 2006

- Vidieo: Wege zum Menschen, Folge 5: Die ganze Welt ist eine Bühne. Psychodrama, Zerka Moreno, Tellux-Film GmbH

Anhang 3: Kurzbeschreibung der einzelnen genannten Internetfunktionen und Computerspiele

Blog: So beschreibt es der Anbieter im Internet: „Ein Blog ist eine einfach nutzbare Website, auf der Sie ganz schnell Gedanken veröffentlichen, mit Menschen interagieren und vieles mehr tun können. Ein Blog verleiht Ihnen Ihre eigene Stimme im Internet. Es ist ein Ort, an dem Sie Dinge, die Sie interessant finden, sammeln und anderen mitteilen – egal ob es sich um Ihren politischen Kommentar, ein persönliches Tagebuch oder um Weblinks handelt, die Ihnen wichtig sind."[189]

„Die Sims": Bei diesem Spiel handelt es sich um eine Lebenssimulation. Die Spieler können bis zu 8 Charaktere von Kleinkindern bis zu Großeltern erstellen. Sie können unter anderem Augenfarbe, Haarfarbe, Kleidung sowie die Spielfiguren mit Persönlichkeitsmerkmalen, wie zum Beispiel faul, extrovertiert oder verspielt ausstatten. Die Charaktere ziehen in ein selbstgebautes Haus, wobei der Computerspieler sie durch ihr Alltagsleben steuert. Zu diesem gehören Aufgaben wie Kochen, Aufräumen und das Nachgehen eines Berufes. Ziele können die Spieler selbst wählen und demnach mit ihren Protagonisten agieren. So können unterschiedliche Charaktere intime Beziehungen zu allen Hausgenossen und Nachbarn eingehen oder ein Pärchen aus zwei Charakteren kann sich auf seine berufliche Karriere konzentrieren.

E-Mail: Ist ein elektronischer Brief. Eine E-Mail-Adresse erhält der Nutzer entweder von seinem Telefondienst, über den er sich in das Internet einloggt oder er kann sich bei einem Anbieter im Netz anmelden. Über die E-Mail-Adresse kann er E-Mails empfange und versenden.

Foren: In Foren werden von einzelnen Usern Beiträge gepostet (veröffentlicht). Zu diesen Beiträgen können die Leser dann wiederum eigene Meinungen veröffentlichen. Foren dienen der Diskussion und Selbsthilfe.

Homepage: Die Homepage ist die virtuelle Vertretung einer Person, Firma oder Vereinigung. Hier kann alles über die jeweilige Person und anders veröffentlicht werden.

---

[189] http://www.blogger.com (Eingesehen 24/09/2006)

Tomb Raider:

> Ein Aktion-Adventure-Spiel, in dem die Heldin kleine Rätsel löst, Gegner tötet und durch verschiedene Spielbewegungen (Klettern und abwechslungsreiche Sprungtechniken) Gegenstände einsammelt.

Logical: „Aufgabe in diesem Spiel ist es, eintreffende Farbkugeln auf Drehkränze so zu verteilen, dass gleichfarbige Kugeln zusammenkommen. Sind alle Fächer in einem Drehkranz mit gleichfarbigen Kugeln versehen, verschwinden diese. Der Spieler gewinnt das jeweilige Level, wenn es ihm gelingt, mindestens einmal alle Drehkränze mit gleichfarbigen Kugeln zu füllen. Mit jedem Level wird das System der Drehkränze komplexer[...]"[190]

Mailinglisten:

> Hierbei handelt es sich um einen Online-Dienst. Teilnehmer einer Mailingliste sind mit ihrer E-Mail-Adresse in einem entsprechenden Verwaltungsprogramm gespeichert. Über eine Sammeladresse sind alle Nutzer der Liste erreichbar. Wird ein Beitrag an die Sammeladresse gesendet, erhalten alle Teilnehmer diese E-Mail. Sie können dann direkt mit einer Antwort an die Sammeladresse reagieren, die wiederum an alle Nutzer versendet wird. So können über die E-Mails verschiedene Diskussionen stattfinden.

Moorhuhn: Ein Spiel, in dem mittels einer Zielscheibe auf dem Spielfeld vorbeifliegende Moorhühner abgeschossen werden. Je nach Entfernung der Hühner werden unterschiedliche Punkte erreicht.

Moove: Moove ist ein sozialer Chat, in dem sich die User durch die erstellten Räume von anderen Chattern bewegen und dort mit erstellten Figuren in Kontakt treten kann. Jeder Chatter kann seine eigene Wohnung und seine Figur aus verschiedenen Vorgaben auswählen. Das Interesse scheint sich besonders auf Kontakte mit andersgeschlechtlichen Figuren zu fokussieren. So kann man in dieser virtuellen Welt auch Ehen schließen.

MUD(´s): Hierbei handelt es sich um auf Text basierende Rollenspiele, die im Intrernet gespielt werden. Die Spieler schaffen sich ihren eigenen Charakter. Je nach Rollenspiel kann es sich um ein kuscheliges Tierchen

---

[190] Misek-Schneider & Fritz (1995): StudentInnen im Sog der Computerspiele, S. 41.

oder um einen Krieger handeln. Diesen Charakter können die Spieler narrativ ausschmücken. Mit ihm bewegen sie sich durch im Text beschriebene Räume, Straßen oder Plätze, wo sie Aufgaben erledigen können. Hier treten sie auch mit anderen Spielern in Kontakt.

Sims-City: In diesem Simulationsspiel erbaut der Spieler eine vollständige Stadt, mit Stromversorgung, Wasserversorgung, Straßennetz und Mülldeponien. Dabei muss er die unterschiedlichen Bedürfnisse der einzelnen Bürger nach Arbeitsplätzen, Erholungsorten und Sicherheit mit bedenken.

Tetris: Hierbei handelt es sich um ein Geschicklichkeitsspiele, in dem verschiedenförmige Körper, die von der Decke herunterpurzeln, am Boden zu vollständigen Linien angeordnet werden müssen. Ergibt sich aus den einzelnen Formen eine gerade vollständige Linie, löst sie sich auf und der Spieler erhält Punkte. Je nach Schwierigkeitsgrad erhöht sich die Geschwindigkeit des Spiels.

Wikipedia: Ist eine Wissensseite im Internet, wo User zu einzelnen Begriffen ihr Wissen veröffentlichen können. Demnach sind die Quellen nicht immer wissenschaftlich, aber für einen ersten Einblick in ein Thema sehr hilfreich.

World of Warcraft:

Ein Online-Rollenspiel, in dem die Spieler mit selbst erwählten Charakteren Kampfaufgaben erfüllen. Die Grundausstattung des Spiels wird für ca. 29,95 € in den Computerfachmärkten verkauft. Zum Online-Spielen zahlen die Spieler zusätzlich dann monatlich ca. 12 €. Sie wählen aus 8 Charakteren (Mensch, Nachtelf, Zwerg, Gnom, Ork, Taure, Troll und Untote) einen aus. Zusätzlich können sie noch das Aussehen und Geschlecht bestimmen. Je nach gewähltem Charakter starten die Spieler in einem anderen Landesabschnitt, der World-of-Warcraft-Welt. Besser verlässt der Spieler diesen Landesabschnitt erst, wenn er einige Spielerpraxis und Erfahrungspunkte mit dem Charakter gesammelt hat. Sonst zerstören die wilden Tiere außerhalb der Startstätte die Figur des Anfängers. Daher sucht sich der Erstspieler erst einmal selbständig bei den in den Städten vorhandenen Charakteren Aufgaben, sogenannte Quests. Durch die Erfüllung dieser Aufgaben sammelt er Erfahrungspunkte und erreicht damit im Spiel eine bessere Spielstärke. Zusätzlich erhält er eine Belohnung, zum Beispiel Silber, Goldtaler oder eine bessere Ausrüstung. Innerhalb des Spiels treffen die Spieler auf andere Online-Spieler, sie können zusammen kämpfen und Aufgaben erfüllen oder auch einfach ein Gespräch führen. Bei späteren Aufgaben ist es notwendig, diese mit anderen Spielern gemeinsam zu bestehen. Die Gegner sind zu mächtig für einen Spieler allein. So schließen sich viele Spieler zu festen Gilden zusammen. Für die unterschiedlichen Aufgaben werden auch unterschiedliche Fähigkeiten der einzelnen Spieler benötigt, die sie sich in einer Ausbildung zum Schmied, Schneider, Alchemisten, Ingenieur, Zauberer und so weiter verdienen können. Im Spiel läuft eine Uhr, die die reale Zeit des jeweiligen Längengrads des Landes des Spielers überträgt. So wird es im Spiel wie im wirklichen Leben abends dunkel. Auch werden Feiertage mit Wein und passenden Accessoires, zum Beispiel Weihnachtsbaum, gefeiert. Alles im allem ist hier eine eigene Welt zu finden, die sich mit den einzelnen Spielern weiterentwickelt.[191]

---

[191] eigene Erfahrungen + vgl. Menne & Steidle (2005): World of Warcraft, Grundlagentipps, S. 141–156; Horx (2006): Hoppla, hier kommt mein zweites Ich!, S. 13–24.

Anhang 4: Ebay Versteigerung

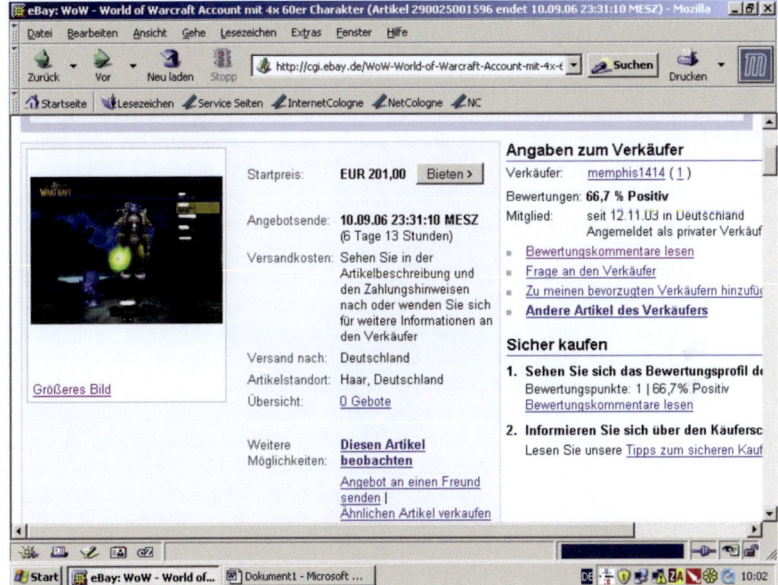

Der Verkäufer ist verantwortlich für das Angebot.

WoW Account 60 Nachtelf Jäger (weiblich) PVP Server Wrathbringer Main Char

Volles T1 Equip

Jäger Quest abgeschlossen -> Rhok Delar Bogen+Stab

Alle Bankslots

5x 16er Bags
Jäger Pet aus Zul Gurub -> Sohn von Hakkar
PVP rang 8 daher daher auch im bestiz von rang 8 equip
Ca noch 100G

Mitglied in einer MC,BWL,ZG,AQ20-40,NAXX raid gruppe
Nachtelf Epic Mount

Verzauberungen fast alles: Waffe +25 Bew, Bogen +7 Schaden, Schulter +5 Feuerwiderstand, Kopf + 8 Ausdauer, Beine + 8 Ausdauer, Schuhe +8 Ausdauer, Brust+ 100GP, Hand + 12 Ausdauer
Neben T1 Equip noch 2 bwl rüstung, und vieles Blaues was eigentlich nicht mehr zu gebrauchen ist

Ruf nur das wichtigste

Frostwolf -> Ehrfürchtig

Ogrimmar -> Ehrfürchtig
Hydrixianer -> Respektvoll
Argentum Dämmerrung -> Respektvoll
Stamm der Zandalar -> Respektvoll

[...]

Ich Verkaufe hier nur den Account, nicht das Spiel. Accountdaten kommen umgehend nach Geldeingang per Mail. Noch fragen? -> Bitte Mail an mich oder via Msn (the_real_memphis@arcor.de)

Alle World of Warcraft Items und Charaktere sind das geistige Eigentum von Blizzard Entertainment. Ich erhebe keinen Anspruch auf das virtuelle Eigentum der hier gehandelten Gegenstände. Der Käufer zahlt nur für die Zeit und die Arbeit, die aufgewendet wurden, um den oben aufgeführten Spielstand der Charaktere zu erreichen. Der Account, die Charaktere und die Gegenstände selbst bleiben deshalb Eigentum von Blizzard Entertainment! Der Käufer stellt zudem den Verkäufer mit dem Kauf dieses Artikels von sämtlichen Ansprüchen seitens Blizzard frei. Darüber hinaus verpflichtet sich der Käufer unmittelbar nach Erhalt der Login-Daten sämtliche Accountdaten wie e-Mail, Kontodaten, Adresse, usw. zu ändern! Sollte dem Verkäufer durch Versäumnis des Käufers Nachteile entstehen, fallen diese zu Lasten des Käufers. Mit Gebot auf diese Auktion geben sie ihr Einverständnis zu dieser Erklärung. Es handelt sich hier um eine Privatauktion. Alle Angaben wurden besten Wissen und Gewissen abgegeben! Keine Haftung für Tipp- oder Rechtschreibfehler. Dies ist eine Versteigerung im Sinne §156 BGB. Dies bedeutet, dass der Höchstbietende nach §312d Artikel 4 Absatz 5 BGB (vormalesFernAbsG) kein Rücktrittsrecht genießt. Jeder Bieter erkennt diese Klausel mit Gebotsabgabe an. Ebay - Auktionen sind rechtsgültige Kaufverträge (BGH Urteil 7.11.2001, AZ VII ZR13/01). Als Privatverkäufer übernehme ich keine Gewährleistung nach EU-Recht. Mit der Abgabe eines Gebotes erklären Sie sich ausdrücklich damit einverstanden, auf die ihnen gesetzte zustehende Garantie/ Gewährleistung zu verzichten. Die einjährige Gewährleistung /Garantie bei Gebrauchswaren nach EU-Recht wird hier ausgeschlossen.
Die Rücknahme wird hier ausdrücklich ausgeschlossen, dies ist ein Privatverkauf! Der Widerrufs und Rücknahmetext wird hier von Ebay automatisch angezeigt und ist für diese Auktion nicht gültig![192]

---

[192] vgl. www.ebay.de (Eingesehen 04/09/2006)